...TON · MARICHENA · EXTASIS · KELECHIA · SOTA de OROS
...GOT · SEXY AN · INFANTA · ...CAL
Policía · ROBINHO · Tierra SANTA · BOLICHE · ...HAZ
del Ring · extraño Nº5 · ASIATICO · gue RRITA. · CHOCOLATE
...O · gr. Hermano · MONS HABANA · STO PA · APLAUSOS
RADAR · CUARRO · BOLETA · CARAASETES
...NOS · la TROPada · KIRA · ANAS
...XTER · D KENY · ALGEZARES · KATYTAS
...ASIS · GALGUINOS · SU RAY · OLVIDO · ODISEA
...JAR · SABROSON · Pepi TO PIRCINAS · RAI COMEN · BUR INSINIA
...LITO · TENDENCIAS · J. ANT Abell
...NTR · B 9 · METAMORFS
...EÑO · GALGUNETAS · NEGROS · XINXAN · HOR HOP
...RO · PORO ROSSO · Rey SALO · conc LAVE · ARd PAR

Biblioteca PHotoBolsillo

Ricardo Cases

PHoto**Bolsillo**   LA FABRICA EDITORIAL

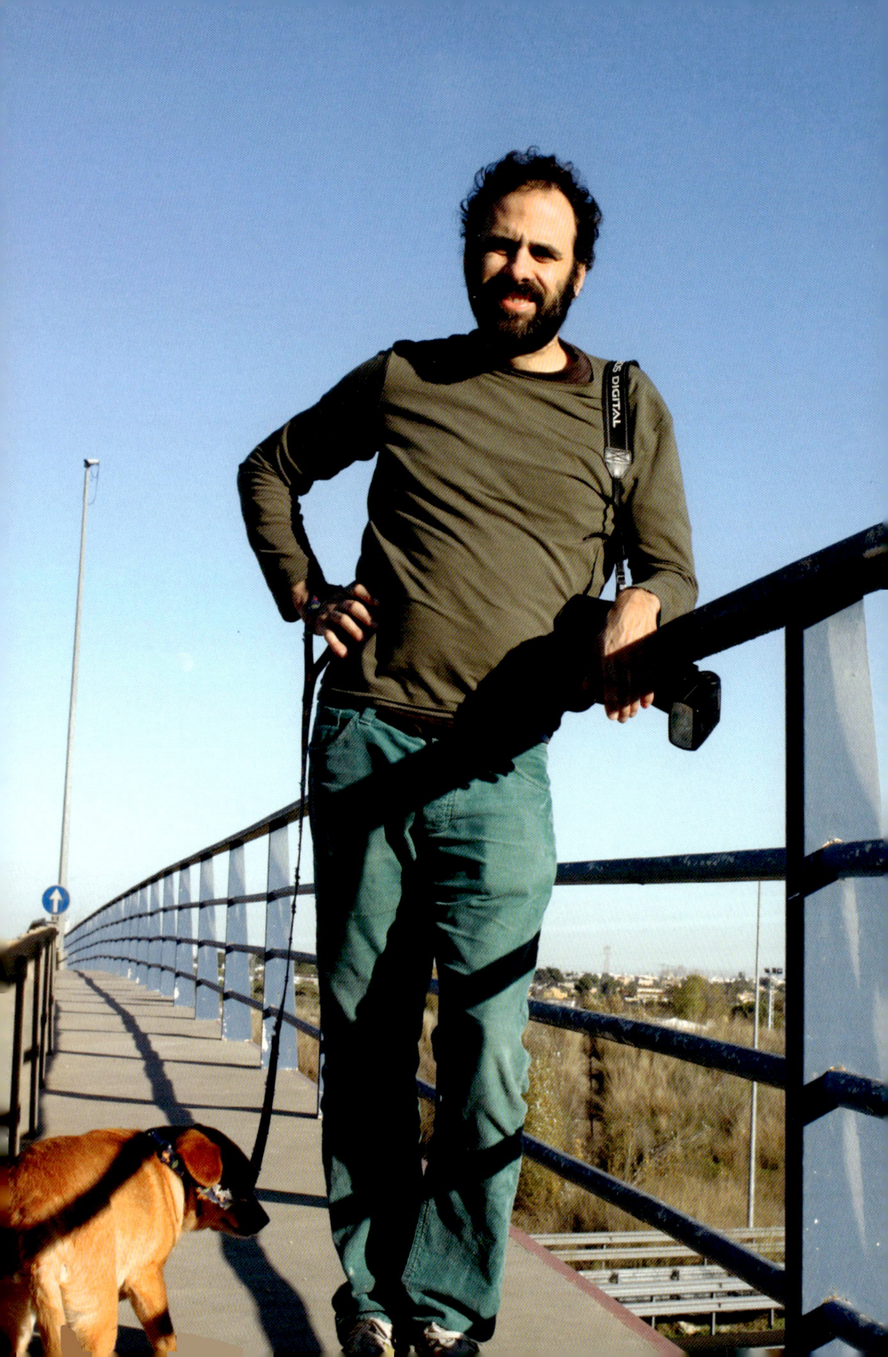

Ricardo Cases
El eterno cortejo de la vida
Luis López Navarro

Trabajando con Quatre en La Curra, 2011. Fotografía de Mónica Martínez

Fiesta

Momento uno: en el origen está, como casi siempre, una explosión de energía. Corren los primeros años noventa y Ricardo Cases (Orihuela, 1971), un chaval inquieto, hiperquinético y aficionado al atletismo, desecha la idea de estudiar Educación Física y decide matricularse en Periodismo en Bilbao, básicamente porque queda lejos de su residencia familiar. Con esta decisión bastante casual cambia la orientación de su torrente energético que, en vez de quemarse inútilmente en el deporte, quedará por el momento libre y fuera de control. Mientras cumple con unos estudios poco estimulantes, el torrente energético se dispersa feliz y anárquicamente. Los años en Bilbao son los de la excitación y la adrenalina, un período en que todo está por experimentar y el mundo pide ser saqueado.

Momento dos: pero en el instante justo aparece la Pentax y resulta ser la forma natural de articular esas experiencias y canalizar la energía del atleta. A partir de ahí, la vida la vive haciendo fotos. A través de la cámara, el mundo se convierte en un parque de atracciones. La vida es una fiesta (más adelante será ese el nombre que elija para su editorial). Todo es divertido. Hay que jugar. Jugar para competir, para ganar. Jugar para divertirse. La infancia, además de una patria, es una ideología vital y Ricardo milita en ella como en un movimiento revolucionario y clandestino, muerto de risa.

Caza

Momento tres: a finales de los noventa, tras una temporada en Berlín, donde publica sus primeras fotografías en prensa, se instala en Madrid, la ciudad con la que pronto declarará haberse fusionado. Sus trabajos iniciales como *paparazzo* y varios años de fotoperiodismo, primero en *El Mundo* y después en sus diferentes suplementos, convierten al entusiasta en profesional, entrenando el instinto y la respuesta inmediata en casi cualquier situación, desde retratos presidenciales hasta eventos traumáticos como los atentados del 11-M. Pese a carecer de sangre fría, su tenacidad de mediofondista le hace perfecto para el trabajo. Hijo de la generación digital, aprende a hacer fotos como se aprende a hablar un idioma: por inmersión. Disparando permanentemente, como quien respira, y pensando después. La intuición aprieta el gatillo y será luego, en la mesa de edición, donde él comprenda por qué la hizo.

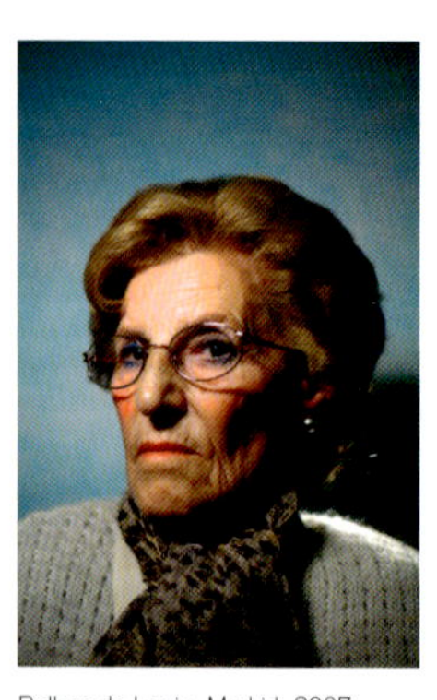

Belleza de barrio. Madrid, 2007

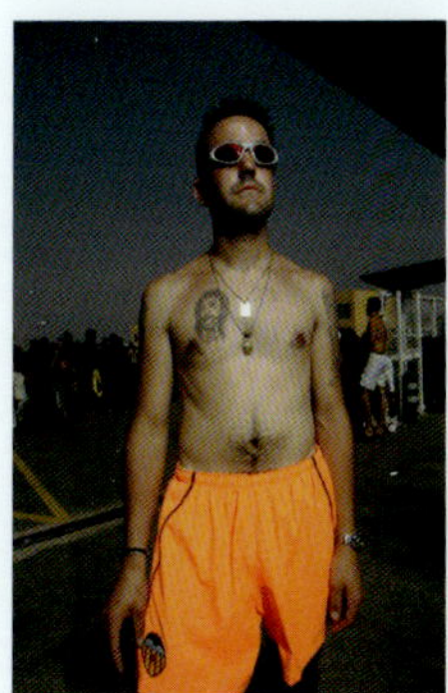

Torrevieja, 2006

El trabajo en prensa, donde cada imagen tiene un objeto informativo que atrapar, acaba de forjar la personalidad fotográfica de quien es ya por naturaleza un perro de presa, un cazador siempre dispuesto a acercarse más. Gracias a esta formación, Ricardo no ha sido nunca un esteta. Cada vez que dispara tiene claro cuál es el objeto de su interés y jamás se le vio hacer una foto vacía, una composición meramente formal, atmosférica o metafísica. Siempre retrata algo, y cada foto es siempre una captura. Así sea una idea o un espíritu lo que cruza el cuadro, el perro de presa se lanza a por él.

El contacto cotidiano con la riqueza de la realidad a través del fotoperiodismo no hace otra cosa que aumentar su exaltación vital. Y con la soltura que da el oficio comienza a manifestarse en libertad otro de sus rasgos más característicos: el humor. Sin poder evitarlo, en sus retratos y reportajes de encargo aflora un punto de vista irónico y provocador, un lenguaje surrealista, detonador y subversivo que pronto dará paso a sus primeros proyectos personales cuando se integra en el colectivo BlankPaper.

Estética

Centrado en la caza, no tiene interés por complacer estéticamente. Sus fotos no tratan de ser pintura, sino eso: fotos. La luz es agresiva, la composición visceral. Lo que interesa es lo que está dentro de la foto, en un proceso mucho más conceptual que plástico. Busca ante todo el impacto, una enajenación que ponga en evidencia el momento clave, el objeto retratado y sus contradicciones, el discurso que genera. En sus trabajos más recientes, este desinterés por la estética convencional acabará convirtiéndose en una poderosa estética propia, una estética impactante y brutal que nace del estómago y del contenido. La imagen se convierte en algo bidimensional, más conceptual, que va liberándose de todas las esclavitudes de la fotografía: composición, luz, profundidad, color. Cercana a una poesía salvaje, la fotografía acaba siendo una yuxtaposición de barbaridades.

Humanos

En el centro de cada imagen de Ricardo está siempre, de un modo u otro, el ser humano. A medida que desarrolla su trabajo personal, se va poniendo de manifiesto que lo que en superficie parece una mirada cínica, *pop* y burlona esconde en realidad una empatía y una ternura mucho mayo-

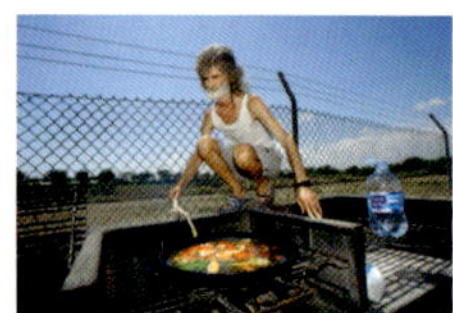

Tuning. Cheste, Valencia, 2005

res. Cada vez que aprieta el disparador es porque ha comprendido lo que le ocurre a esa persona y sus motivos, más o menos nobles, para hacer lo que hace. En el fondo de todos sus trabajos está siempre lo mismo: los anhelos profundos del ser humano y la dignidad herida del ciudadano contemporáneo, contrapuesta a una realidad poco gloriosa.

El resultado siempre resulta chocante, surrealista y provoca la sonrisa, porque la estrategia narrativa es extremadamente eficaz. El antagonista puede ser diverso: en *Belleza de barrio*, las limitaciones de una estética poco sofisticada; en *Serrano Boogie*, las obras de la calle Serrano; en *Paloma al aire*, lo dificultoso del terreno y lo extraño de la actividad. Pero en todas estas obras, el héroe es siempre el mismo, un ser humano luchando por su dignidad. Basta con abandonarlo a su suerte en un medio banal, *kitsch* o directamente humillante y ya está montada la narrativa.

Ricardo comprende perfectamente a sus queridos humanos, pero al igual que no los juzga, tampoco los perdona ni es condescendiente. En cada foto va implícito que cada cual es responsable.

España

Para cualquier artista español resulta difícil que España misma no se convierta en tema. Para Ricardo, un enamorado de las tradiciones increíbles y de las señoras con bolsas de plástico en la cabeza, España es el terreno de juego perfecto, porque es de la familia, conoce las reglas y las trampas y sabe como pocos lo que es, para bien y para mal, ser español. Al grito tribal de «¡Spaññña!», Ricardo lleva años saliendo a las calles a detonar una y otra vez la irresoluble contradicción de España con la modernidad.

La España que Ricardo ama y aborrece es, como la de Berlanga o la de Buñuel, un país pueblerino de grito y garrote, con todas las marcas de la incultura, el rencor, la mezquindad y el egoísmo torpemente disimulado. Un país de gente de campo obligada a vivir en la ciudad, en una modernidad que ni entiende ni le interesa, y que le desconcierta profundamente.

Un país dividido en dos, con un conflicto social vivo, donde la capa dominante pelea con uñas y dientes para mantener su status mientras la gente de pueblo y de barrio, esencialmente buena en las cortas distancias pero no por ello menos fiera, lucha por hacer valer su dignidad. Y como campo de batalla, un medio folclórico y delirante, individualista y caótico, una ley de la selva con un vacío institucional y cívico, donde todos están en lucha con todos.

La vida

Momento cuatro: cuando me reencuentro con Ricardo en Madrid, en los primeros años del siglo XXI, acaba de perder en poco más de un mes a su padre, a su pareja y a su trabajo. Hasta entonces su relación con la vida ha sido de puro enamoramiento. Cuando la vida muestra su cara más cruel, caben dos opciones: la de los cobardes, desencantarse y asumirlo; y la de los valientes, doblar la apuesta.

Quizás es en esa época cuando comienza a ser lo que hoy es. Desde entonces, la vida y la muerte le fueron golpeando periódicamente, y el perro cazador nunca soltó la presa: a cada muerte respondía con una exaltación de la vida, a cada pérdida con un regalo, a cada luto con una fiesta. Con un espíritu taurino muy español, se arrimaba a la muerte, dando saltos artísticos y frenéticos a su alrededor, como un recortador, se agarraba a sus cuernos a la portuguesa para celebrar que la muerte existe y que por tanto merece la pena vivir.

A estas alturas de la vida, donde ya sabemos quiénes somos y a dónde vamos, se revela que su historia es en realidad la de un perseverante y fiel cortejo a la vida soberbia y brutal, tratando de seducirla, de ganar su atención, demostrándole su amor incondicional una y otra vez hasta que Ella se rinde a amarlo también. Es un juego arriesgado, porque la vida a veces no nos ama pero, si uno es jugador, es el único posible.

Algún día quizás se muestren sus infinitos archivos personales, el día a día registrado por el fotógrafo compulsivo y entusiasta. En ellos se entiende mucho mejor el sentido que la fotografía tiene para Ricardo: celebrar la vida, saltar con furia por encima de la muerte. Todos los que ya no están y todo lo que ya no existe quedarán para siempre invitados a esta fiesta. Aunque en última instancia la muerte siempre nos derrote, la victoria moral es suya. Para el fotógrafo sin memoria, todos esos *bytes* quedarán como testigos. Se sabrá que vivimos. Se sabrá que fuimos felices.

Es, sin embargo, pronto para este tipo de reflexiones. Sus obras más recientes, cada vez más depuradas y radicales, muestran cómo esa relación con la vida aún va a evolucionar hacia lugares más profundos y complejos. Por suerte, la mayor parte del trabajo aún está por hacer.

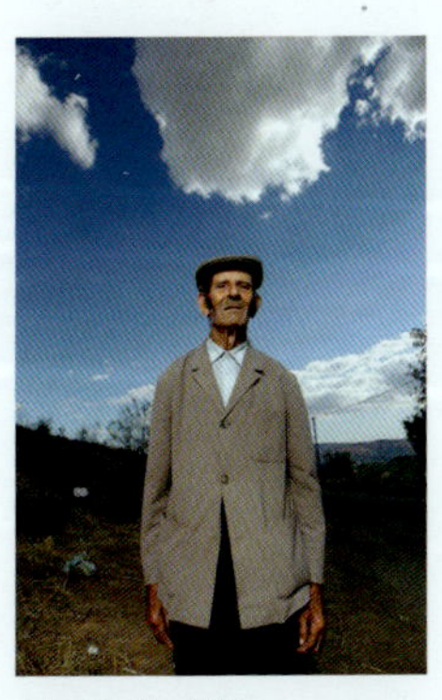

Rute. Córdoba, 2005

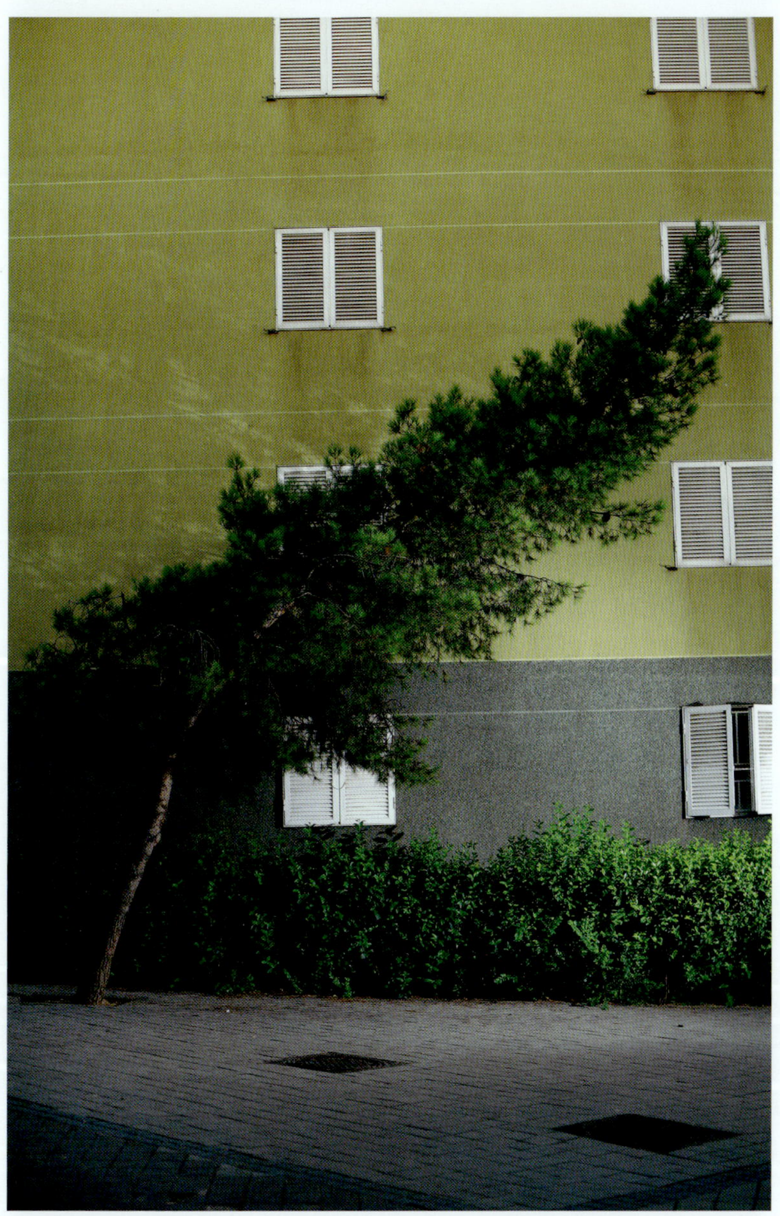

01. Belleza de barrio. Madrid, 2008

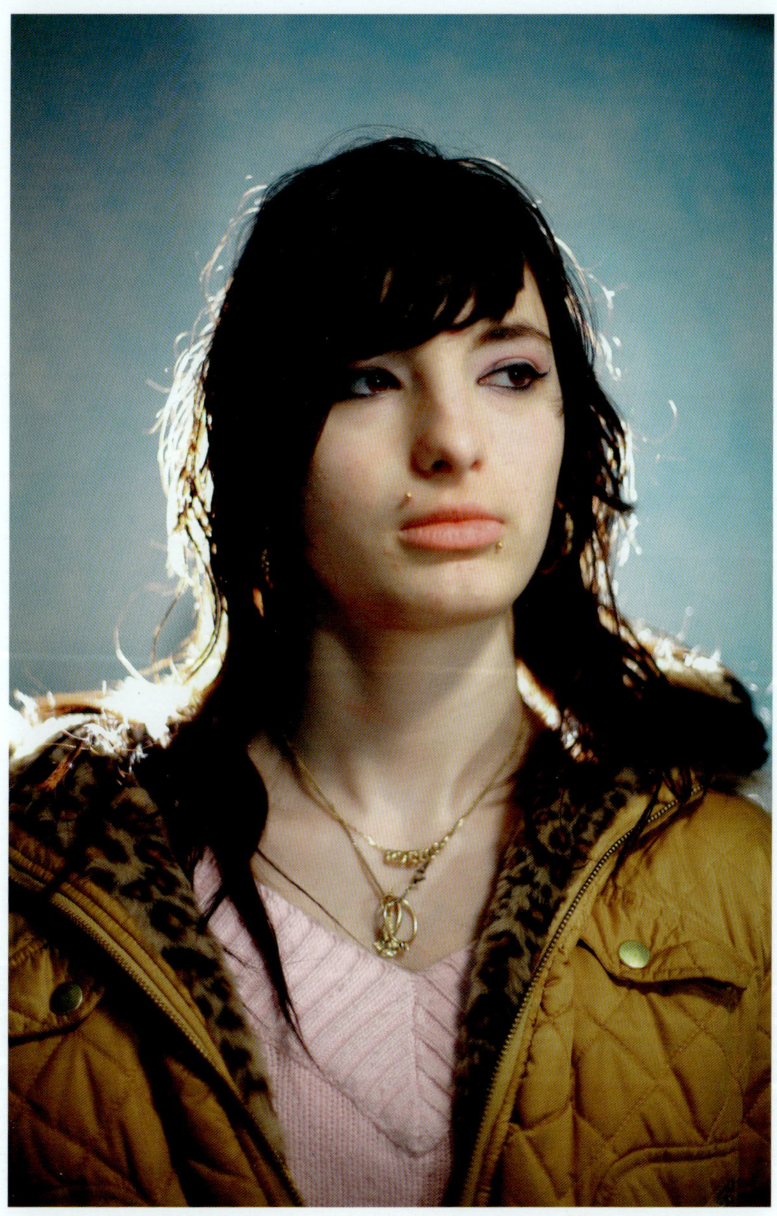

02. Belleza de barrio. Madrid, 2007

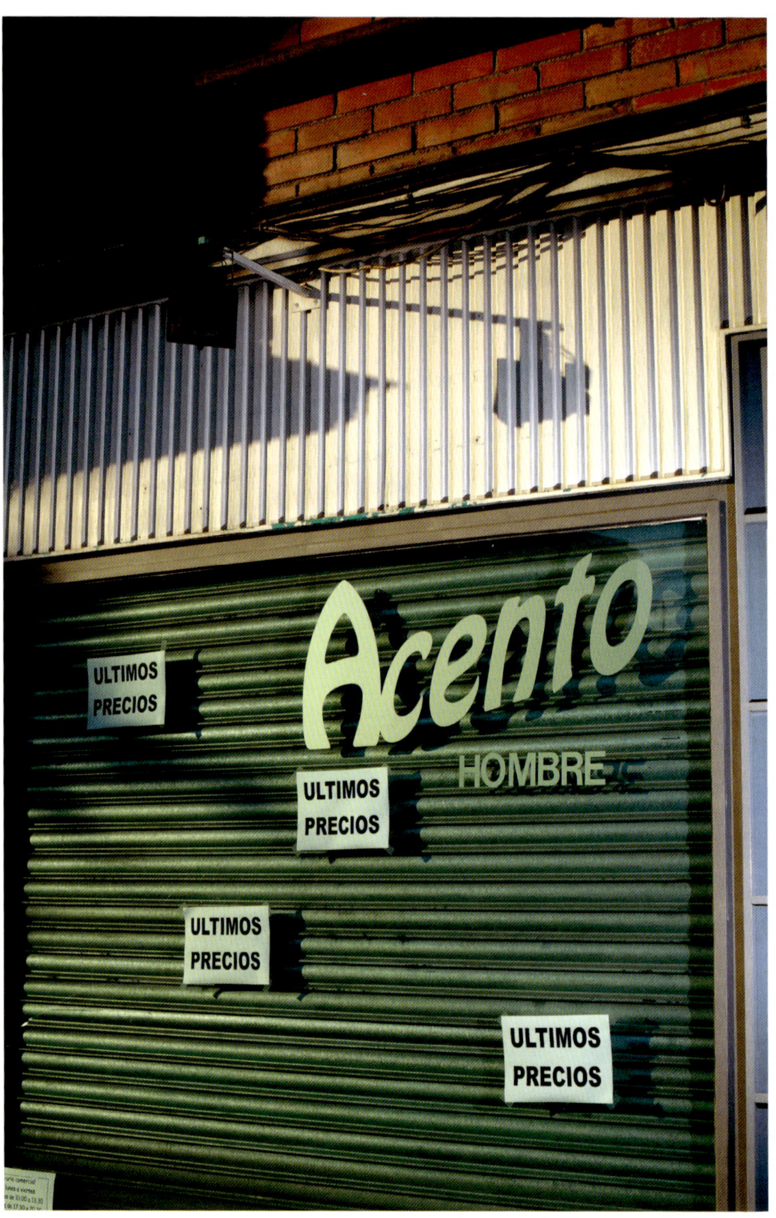

03. Belleza de barrio. Madrid, 2008

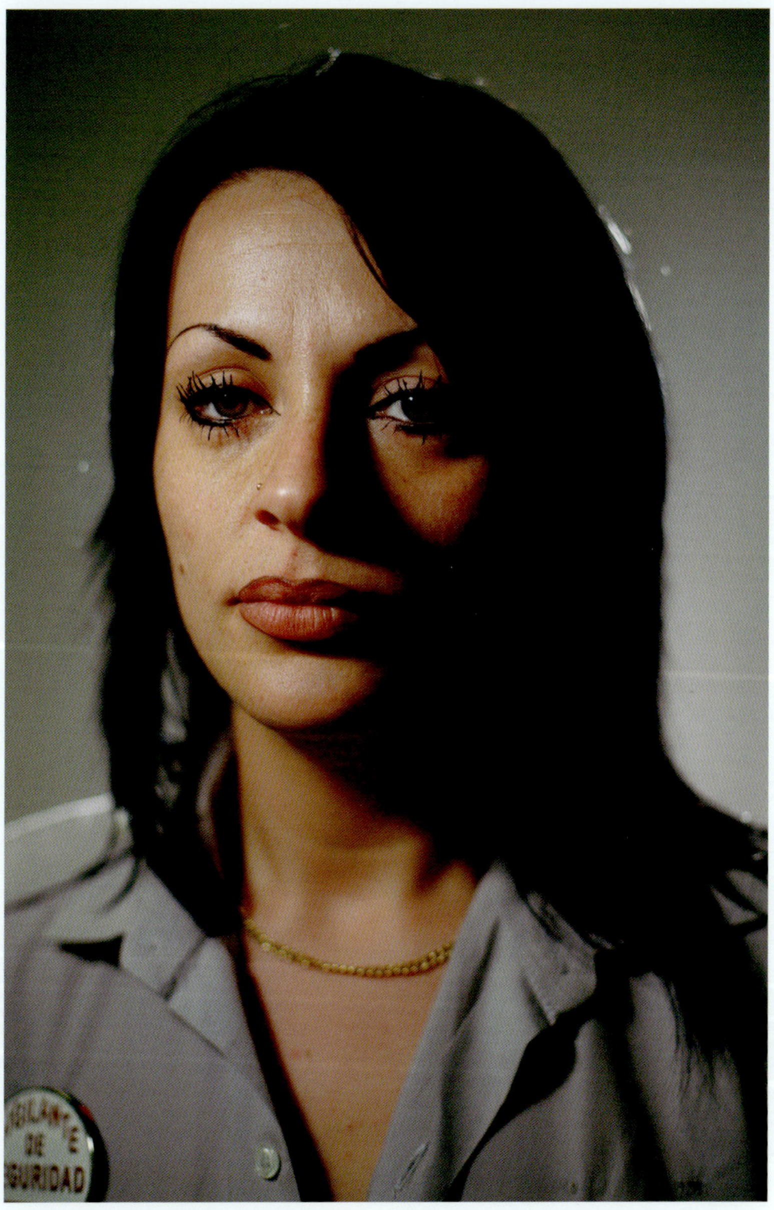

04. Belleza de barrio. Madrid, 2008

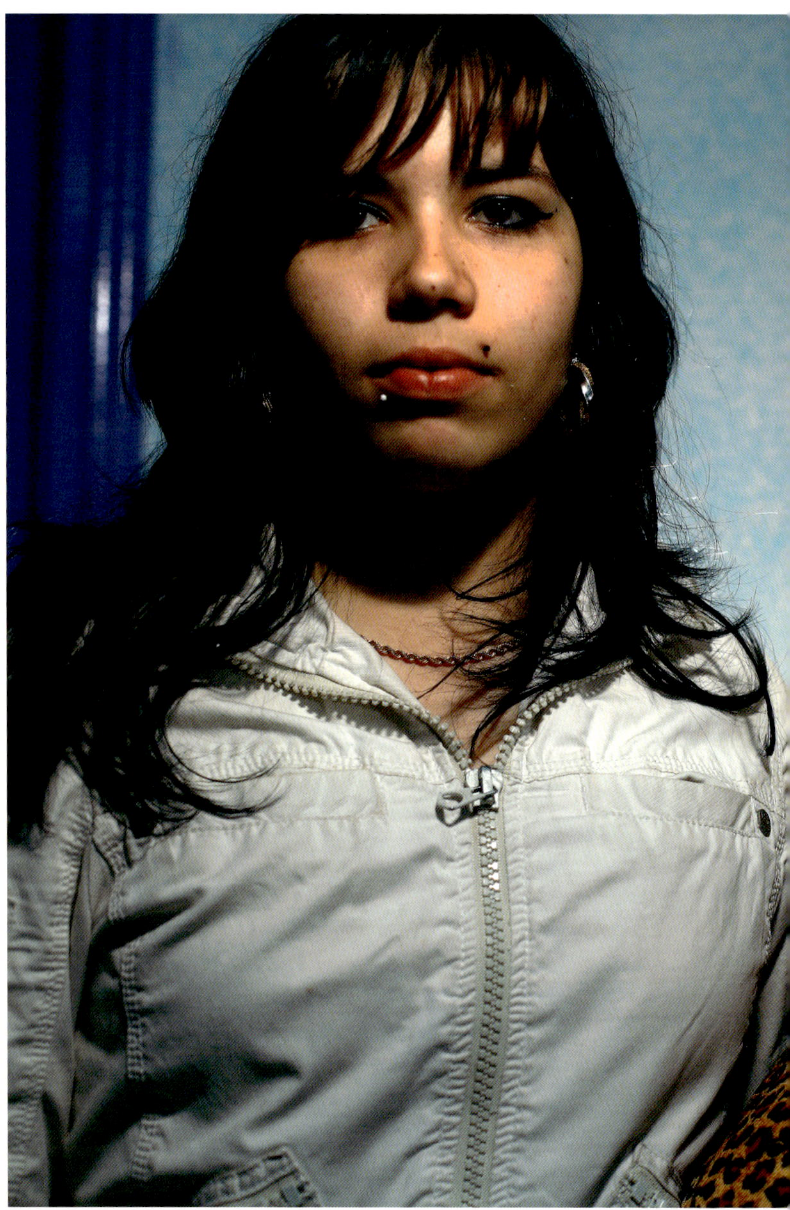

05. Belleza de barrio. Madrid, 2007

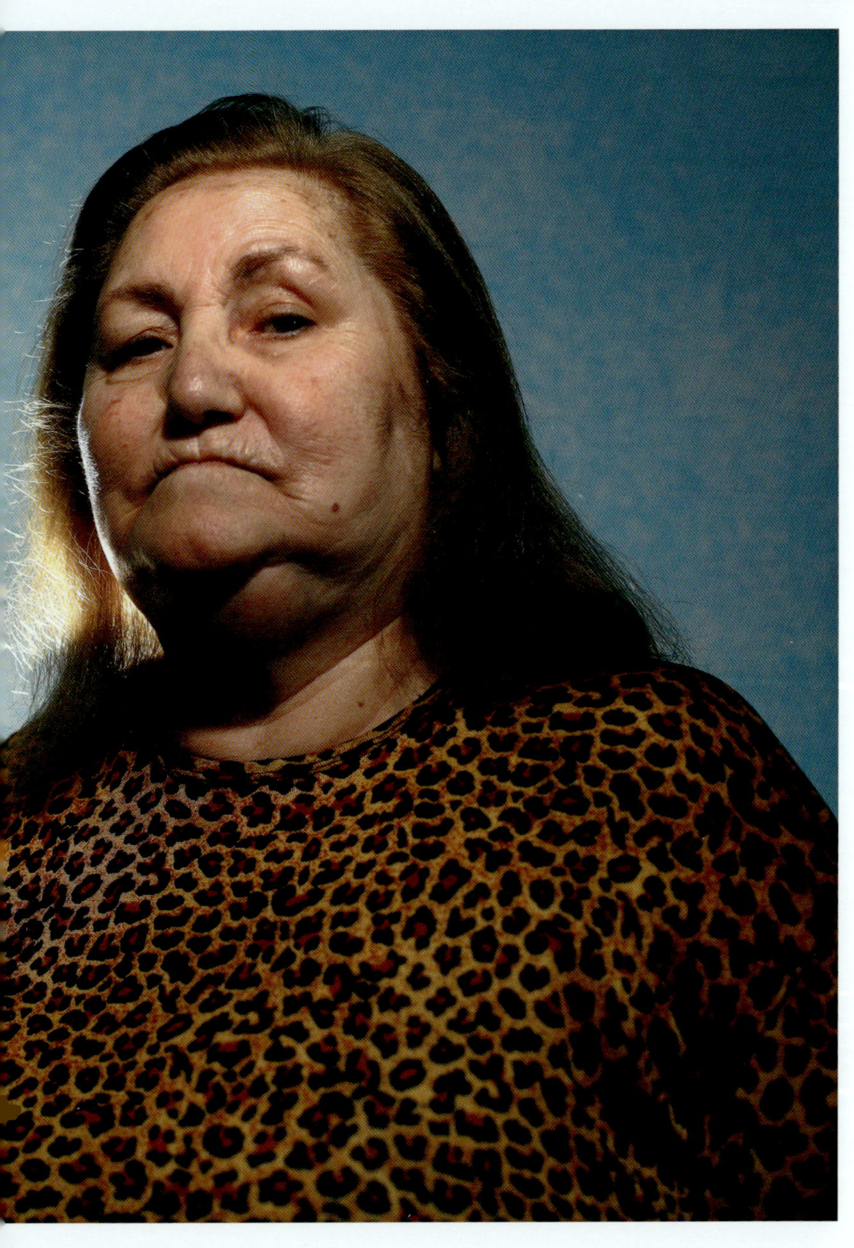

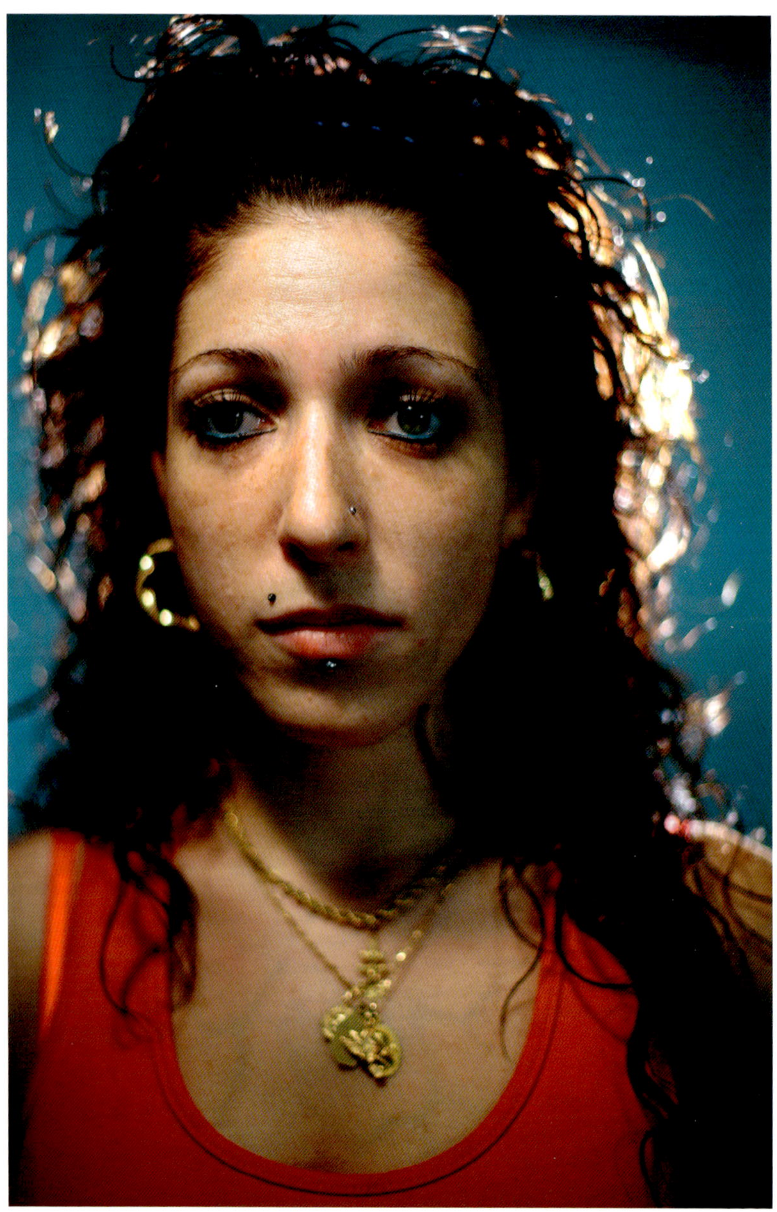

06. Belleza de barrio. Madrid, 2007

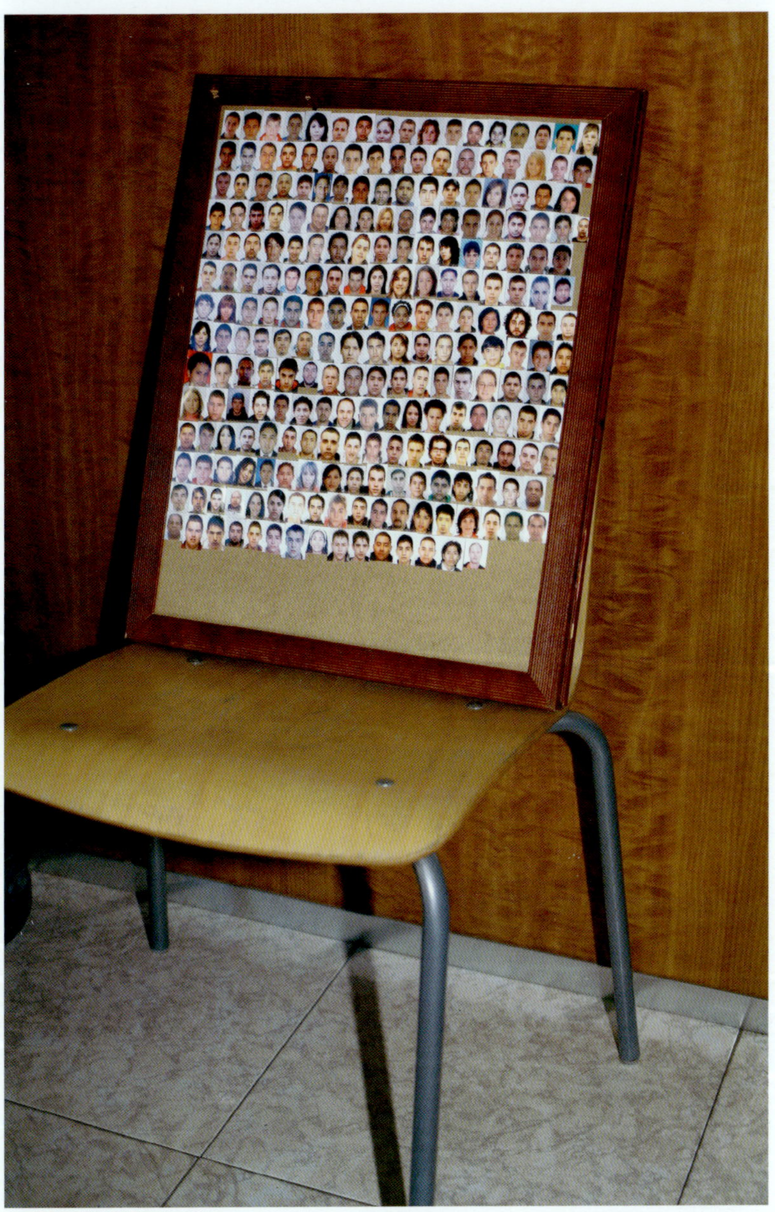

07. Belleza de barrio. Madrid, 2008

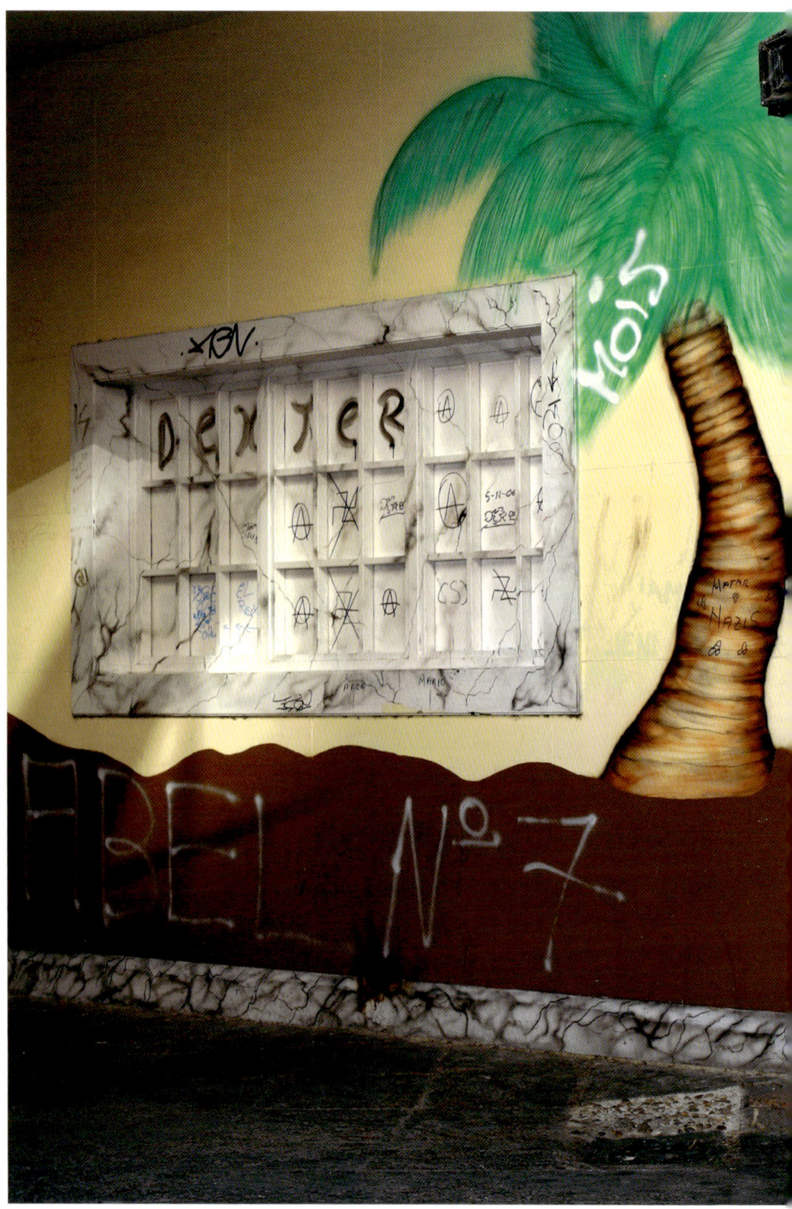

08. Belleza de barrio. Madrid, 2008

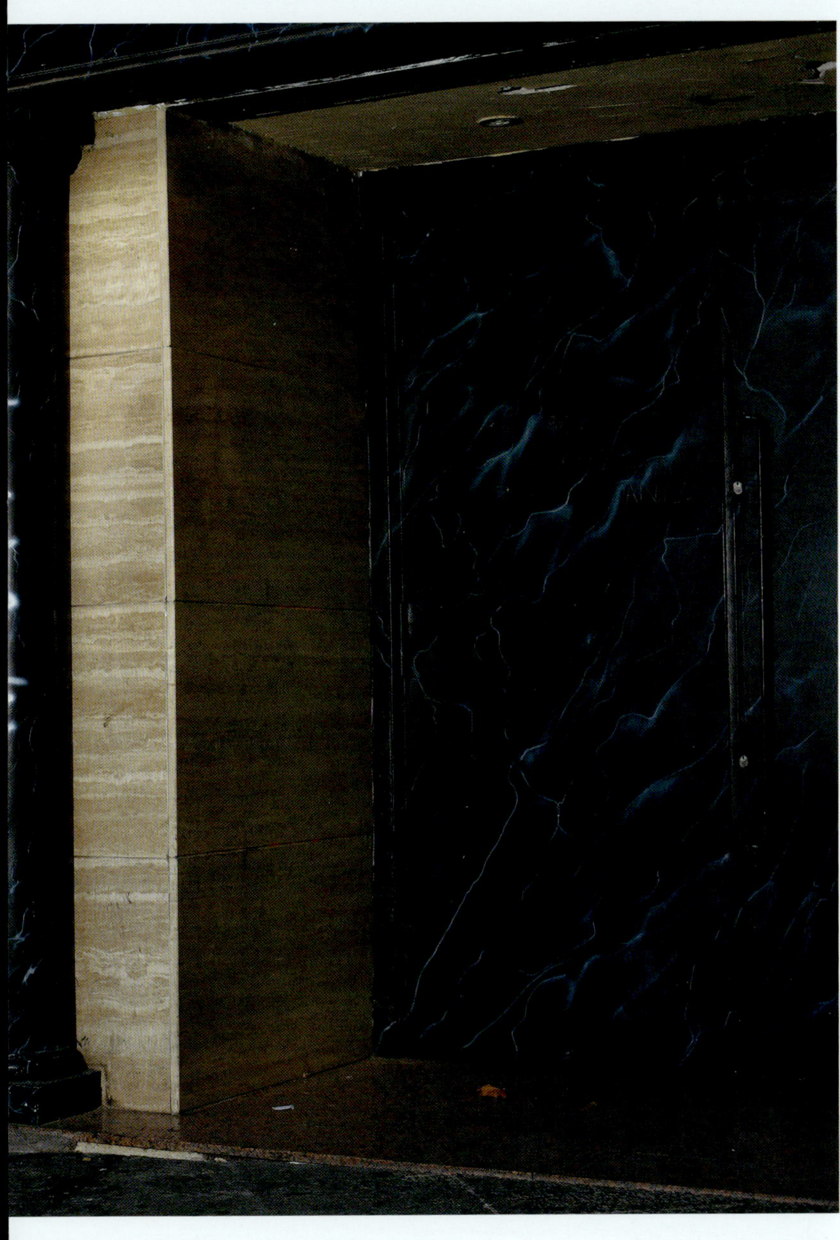

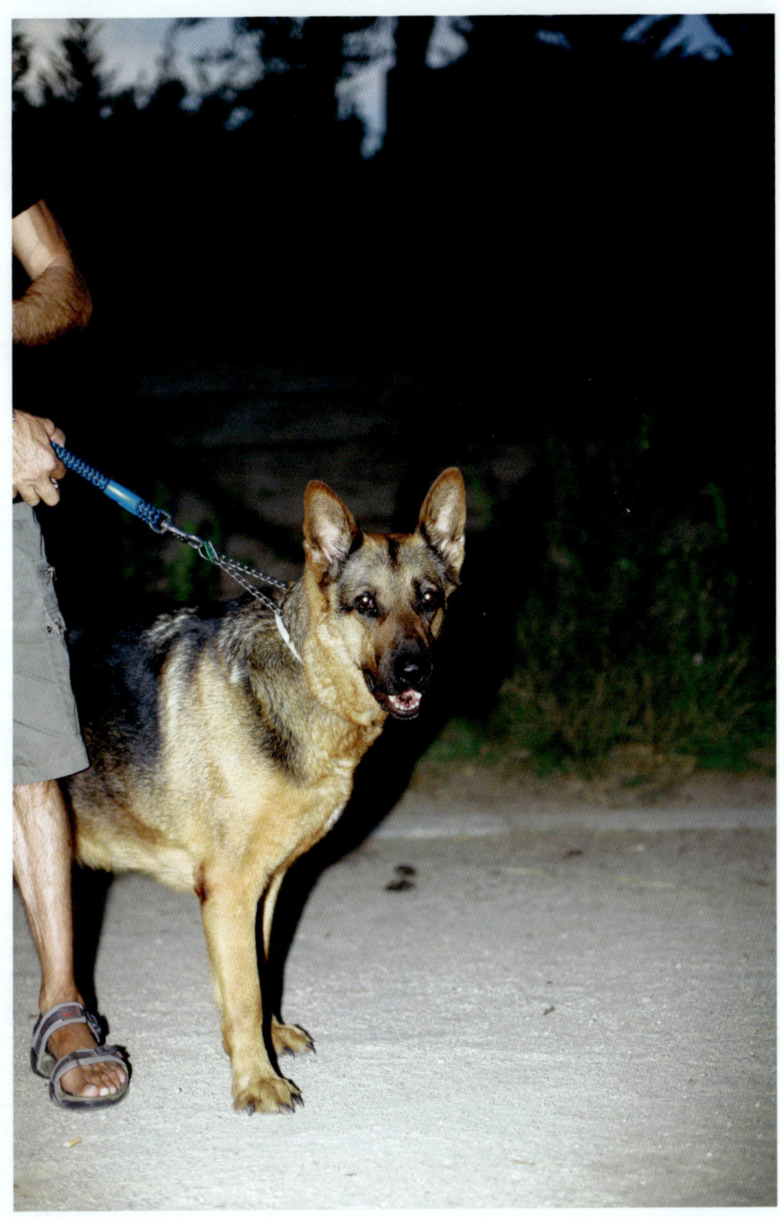

09. Belleza de barrio. Madrid, 2008

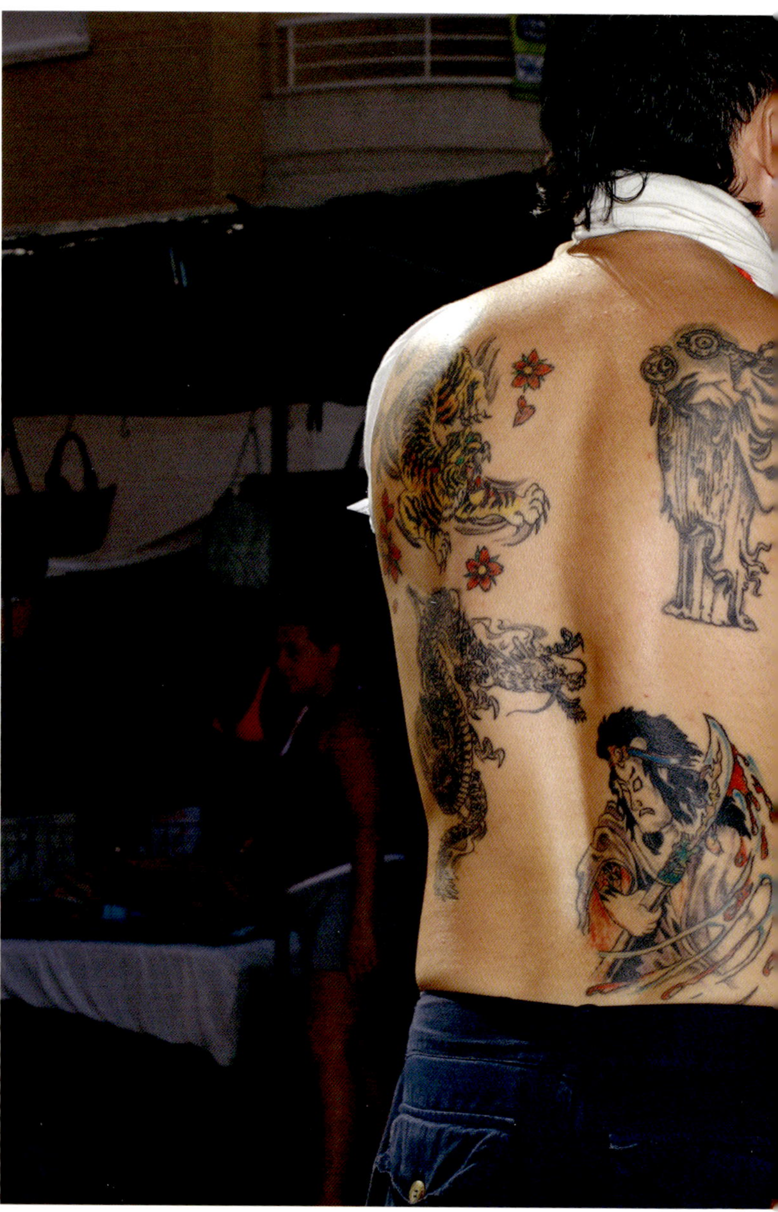

10. Torrevieja, 2008

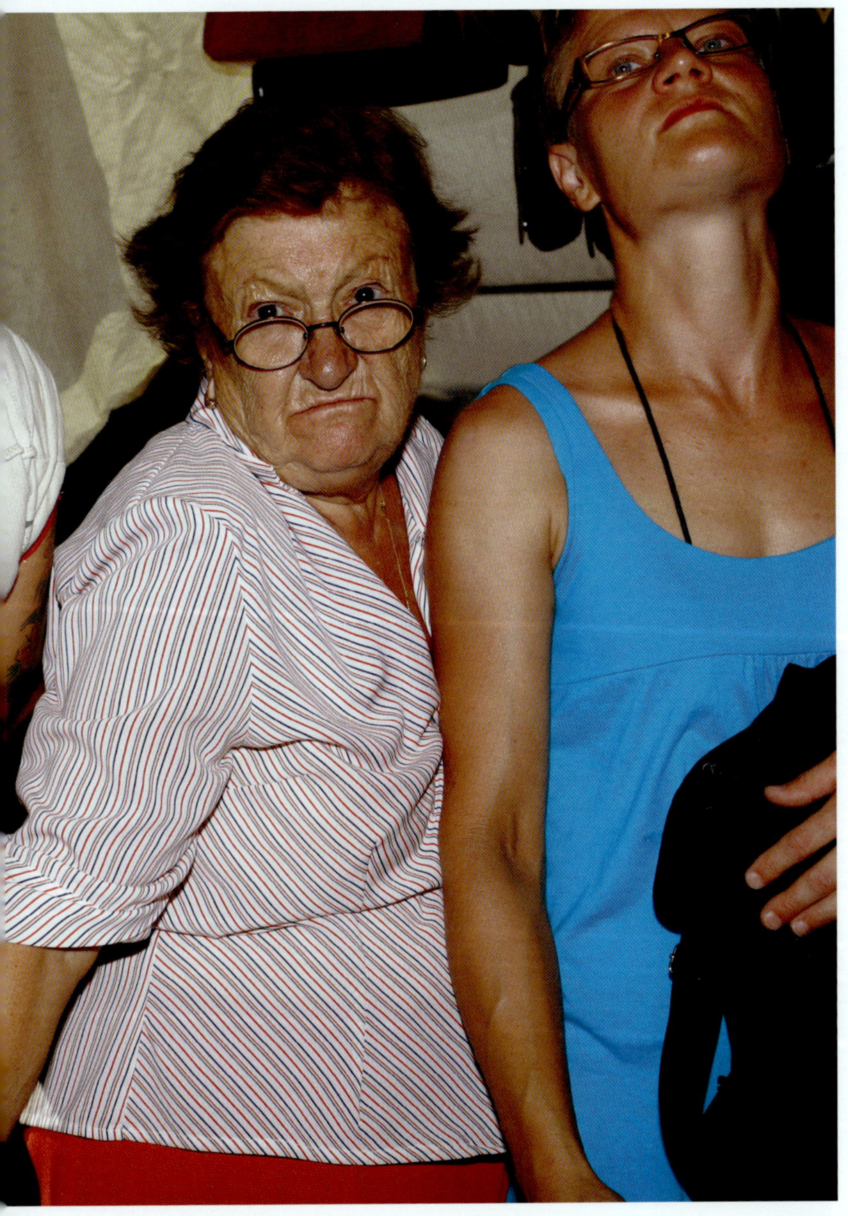

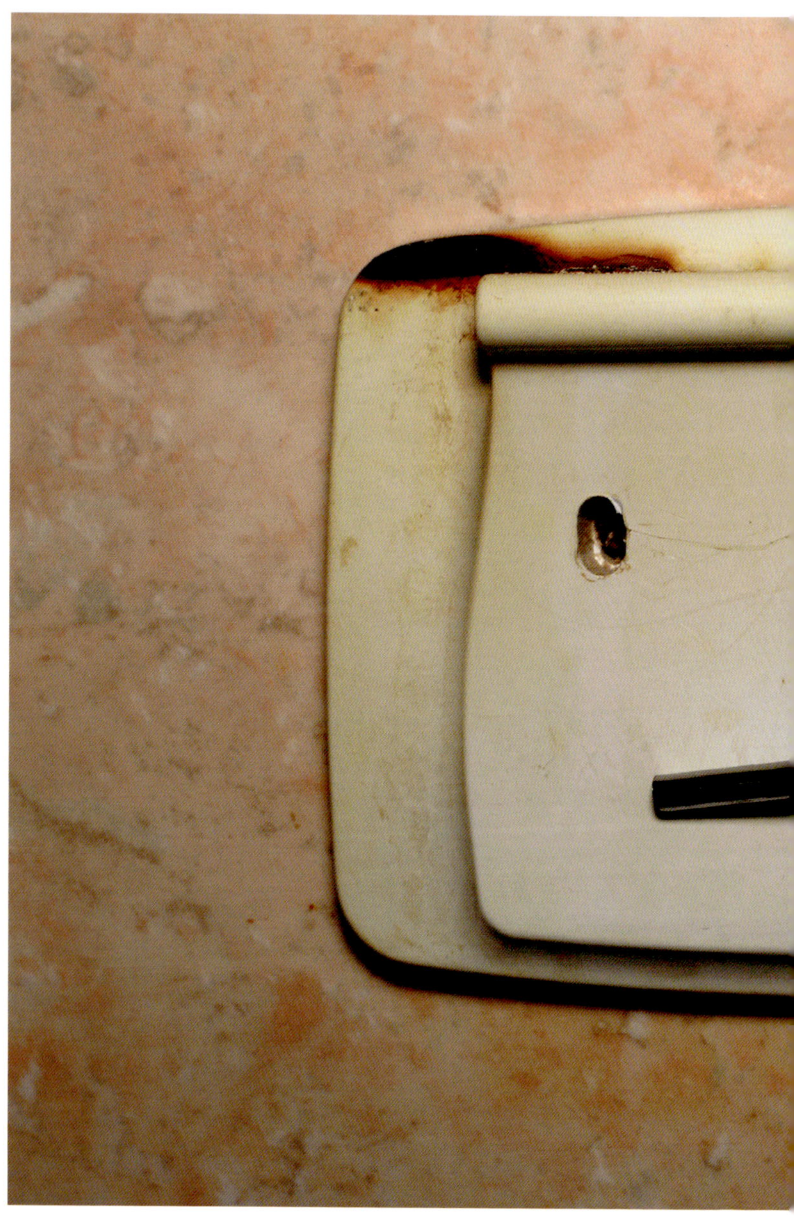

11. La ciudad que soy. Madrid, 2008

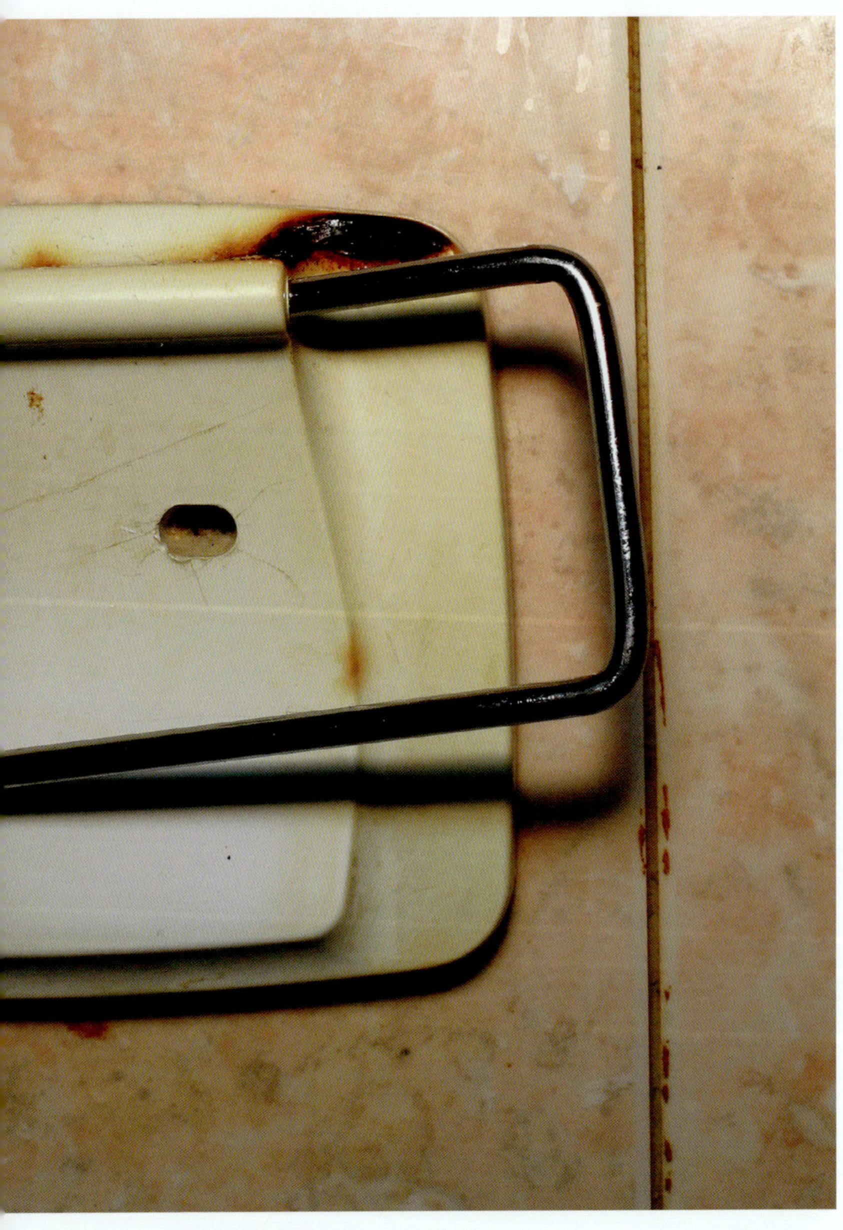

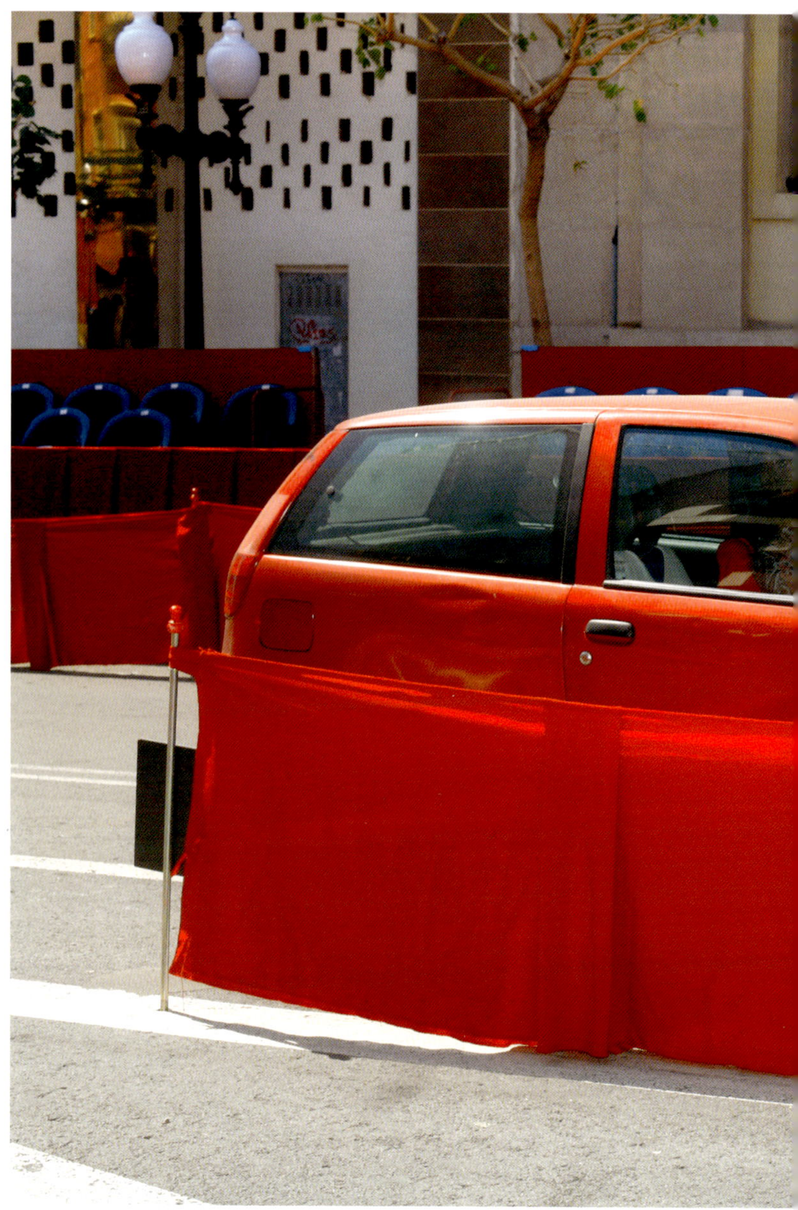

12. Alicante, 2010

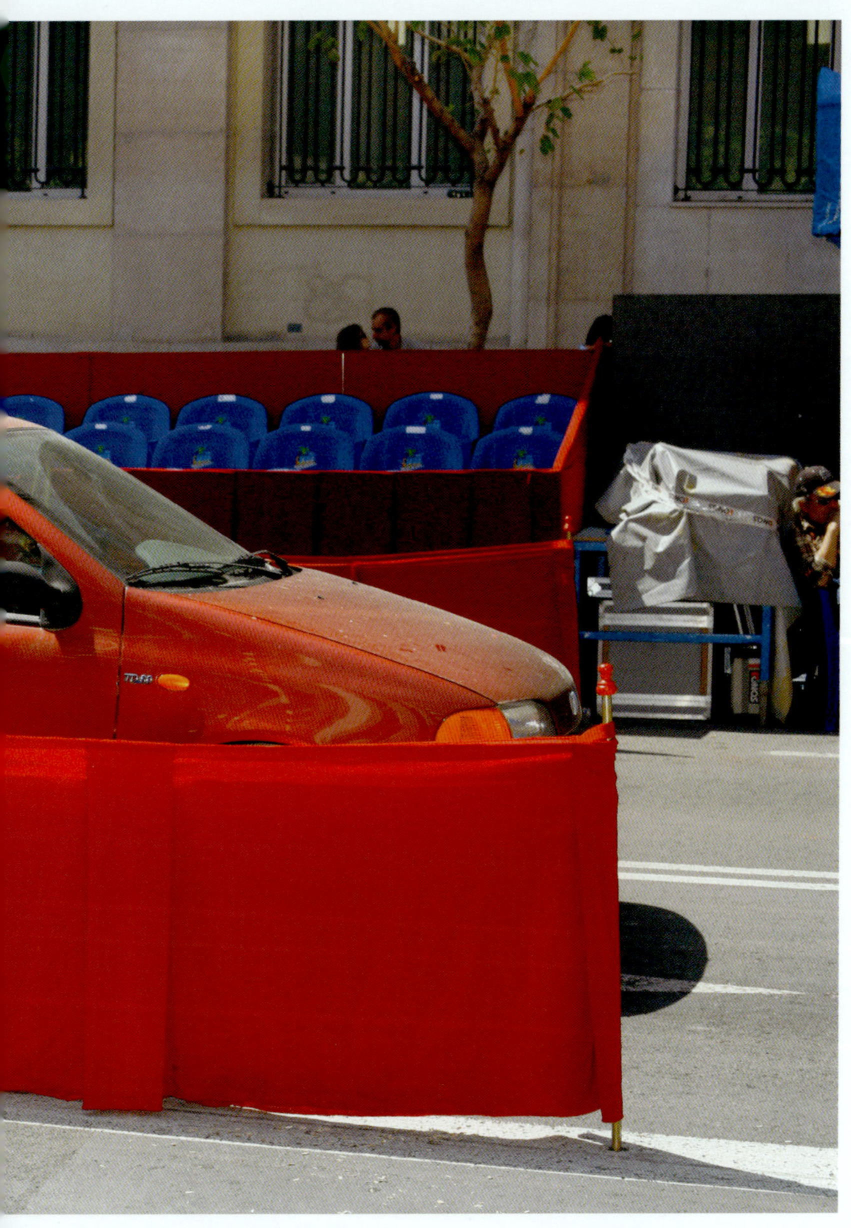

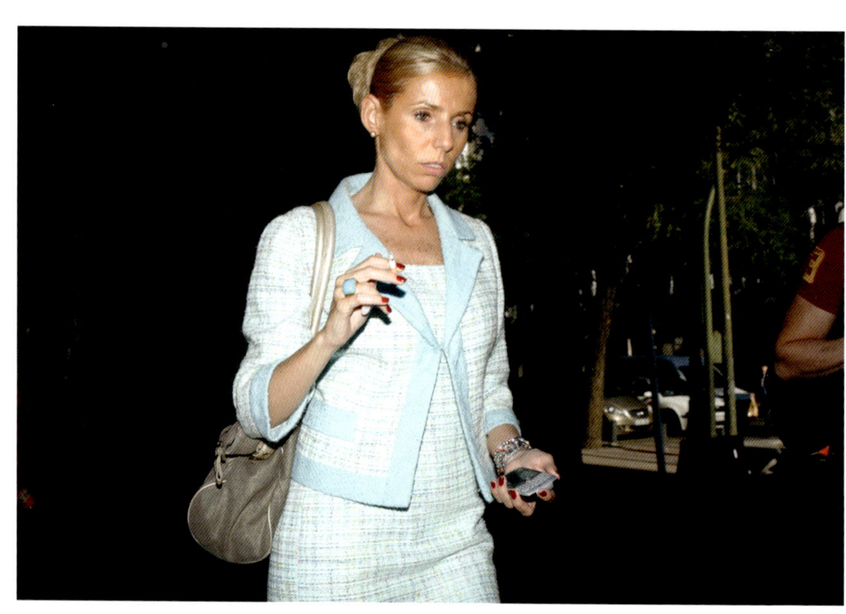

13. Serrano Boogie. Madrid, 2009

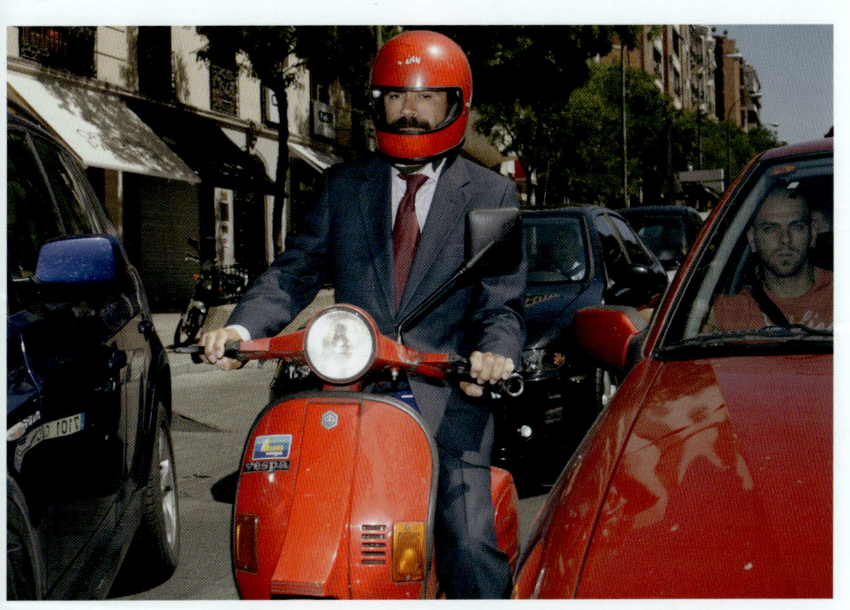

14. Serrano Boogie. Madrid, 2009

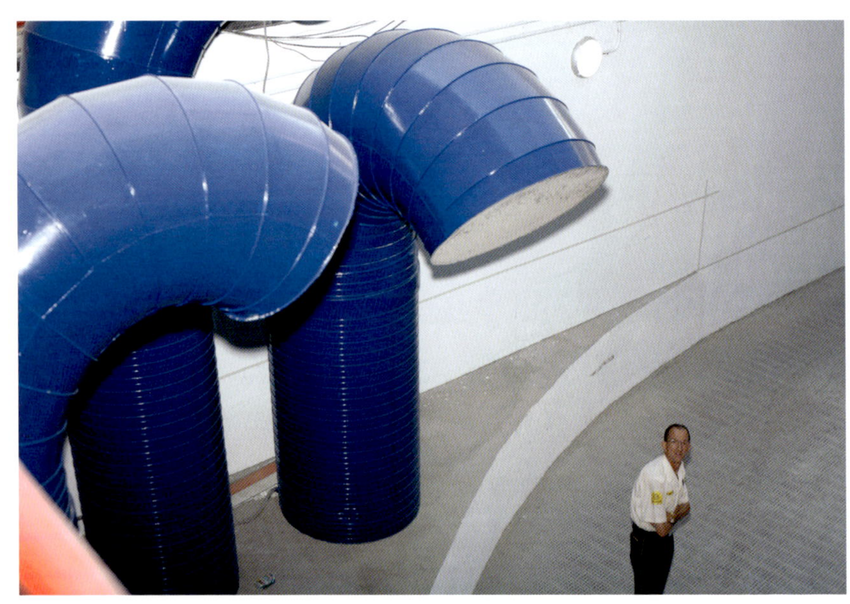

15. Serrano Boogie. Madrid, 2009

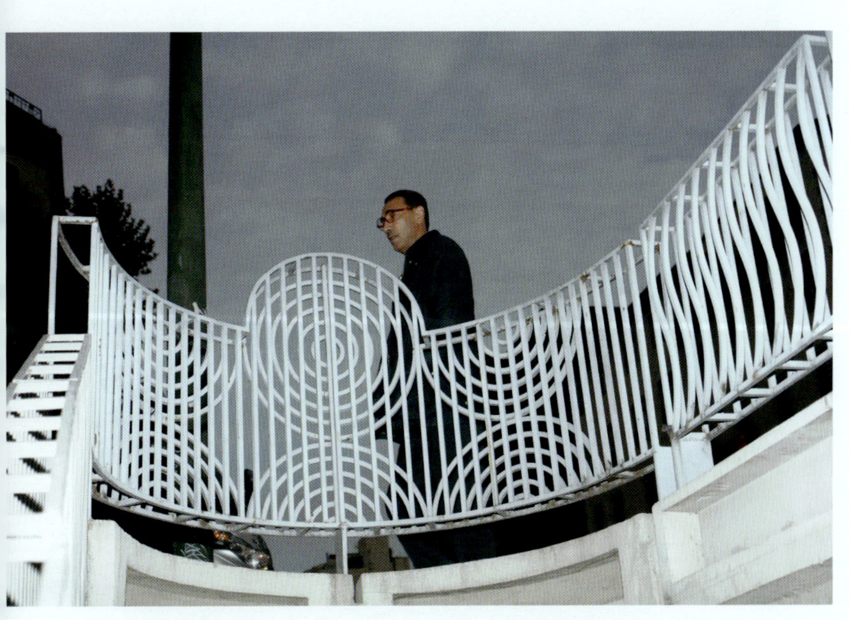

16. Serrano Boogie. Madrid, 2009

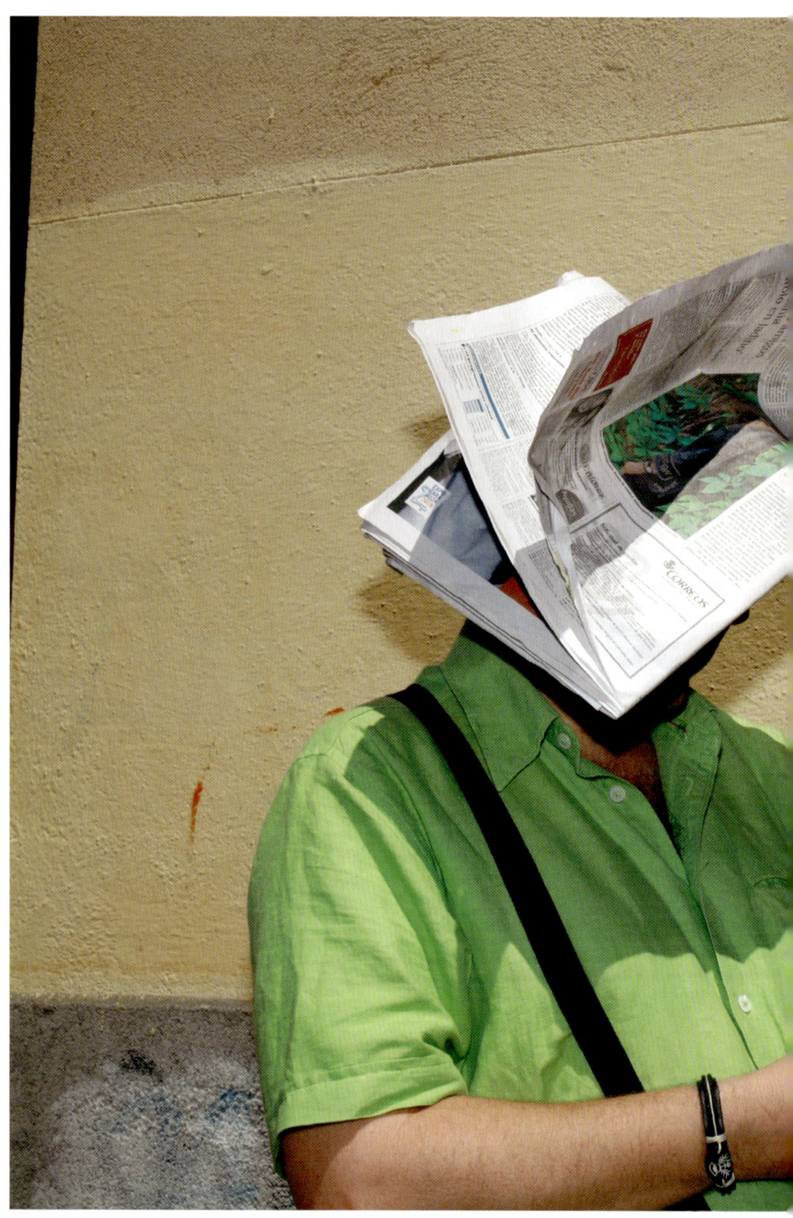

17. La ciudad que soy. Madrid, 2008

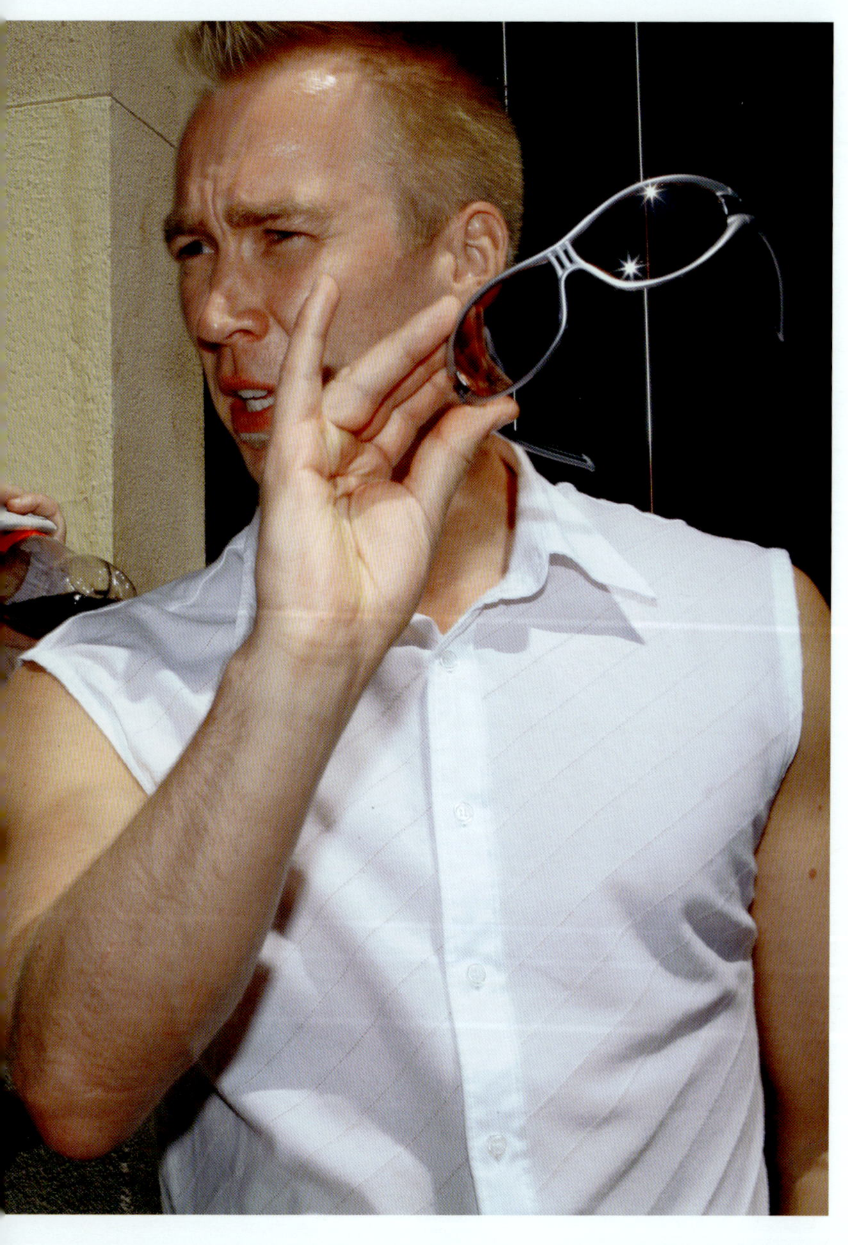

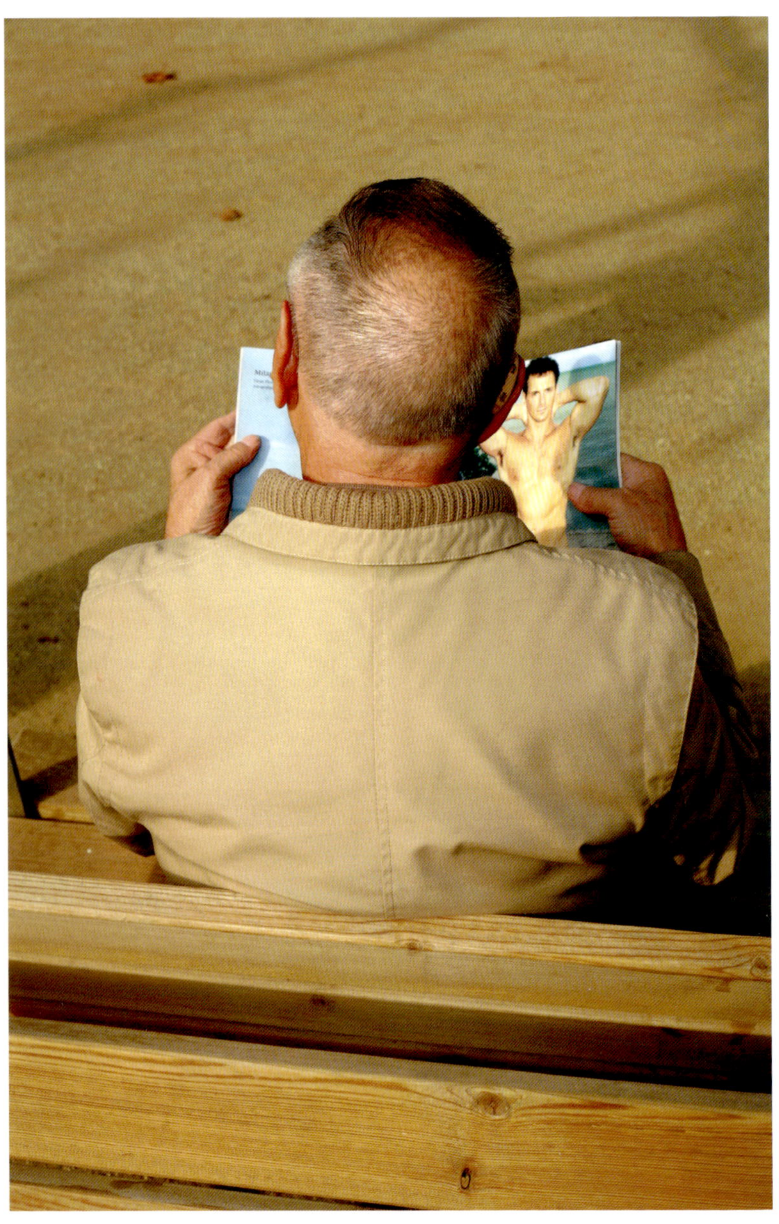

18. La ciudad que soy. Barcelona, 2007

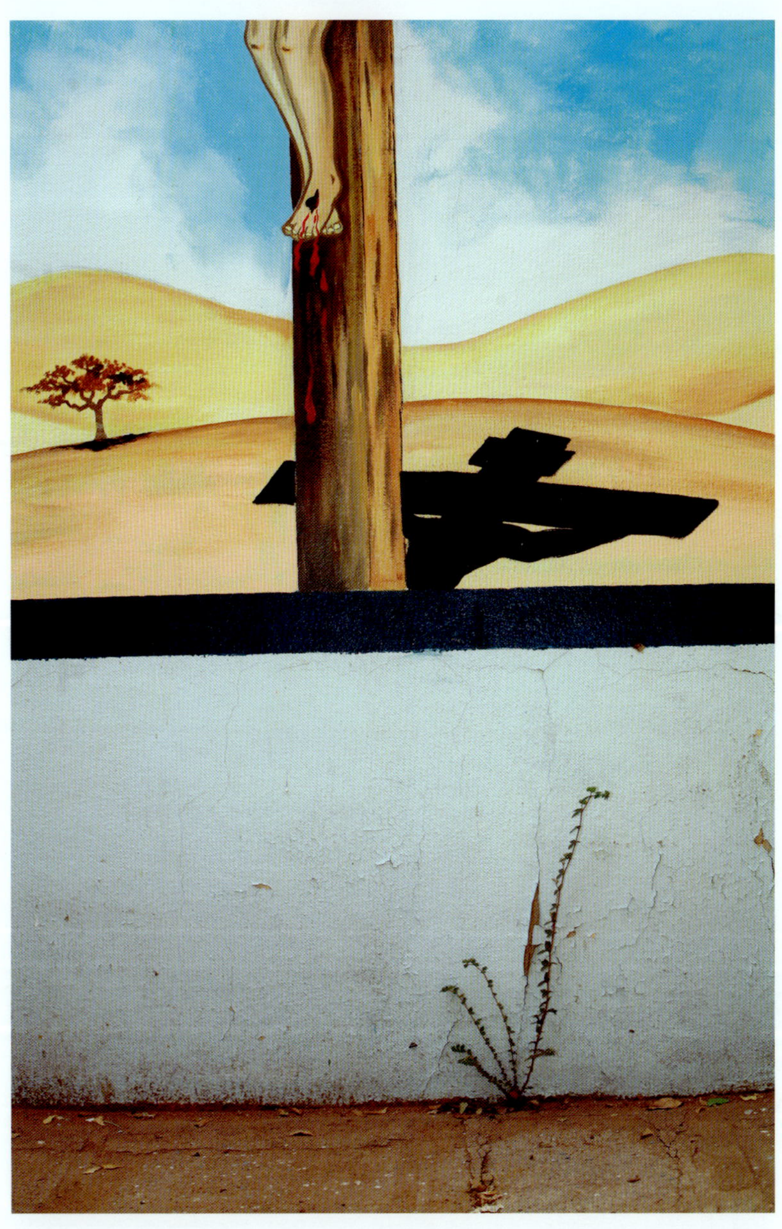

19. El blanco. Bamako, Mali, 2007

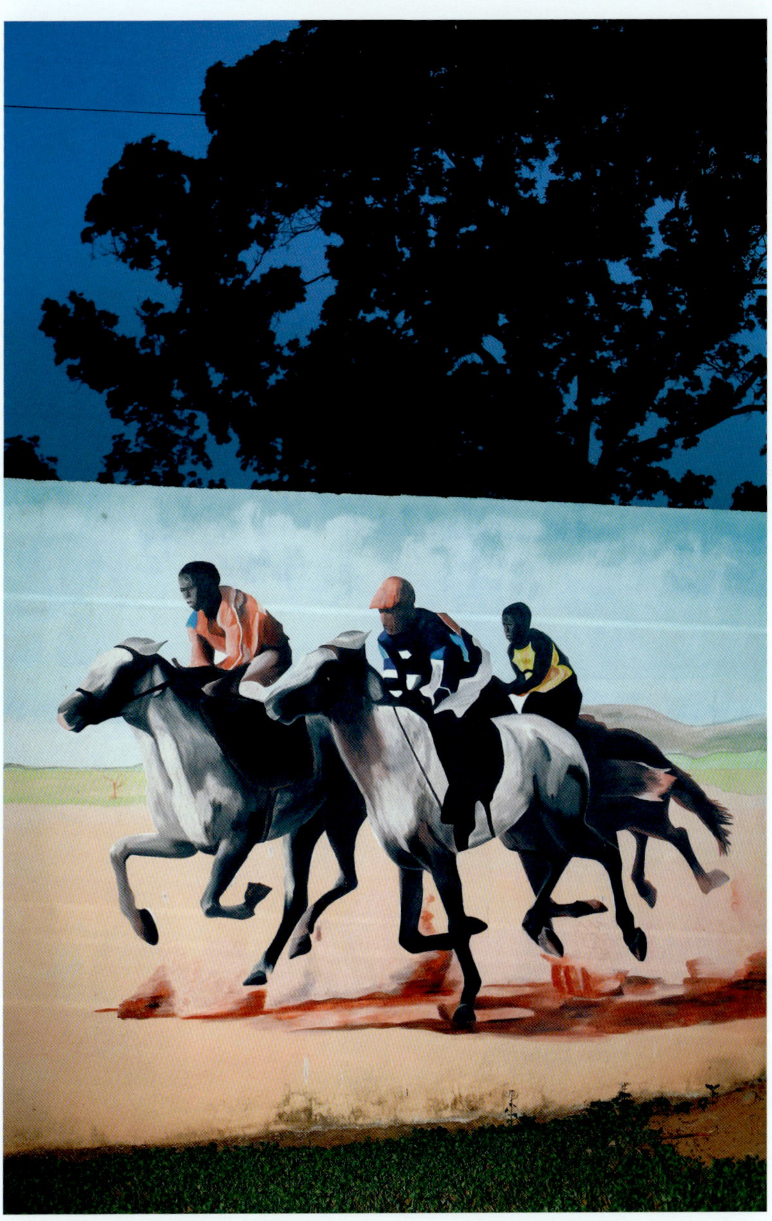

20. El blanco. Bamako, Mali, 2007

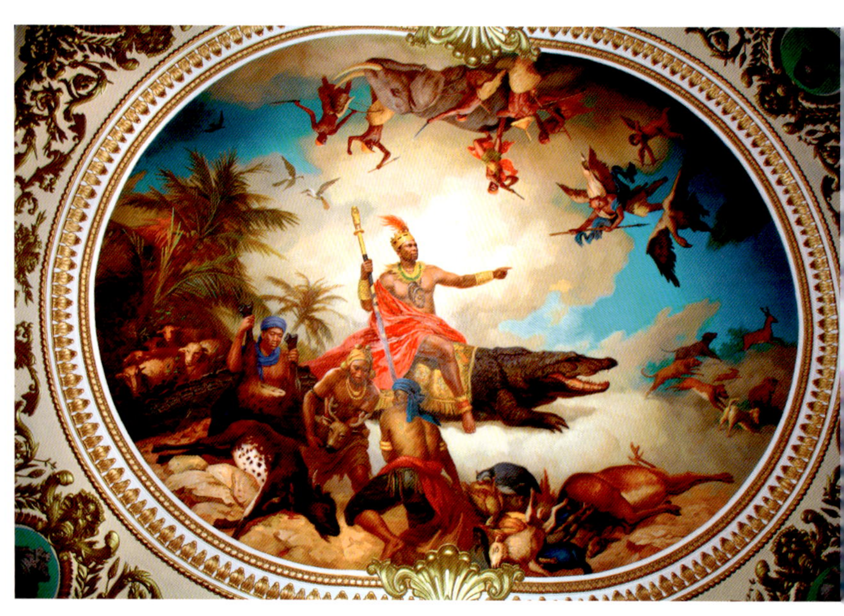

21. El blanco. Bamako, Mali, 2007

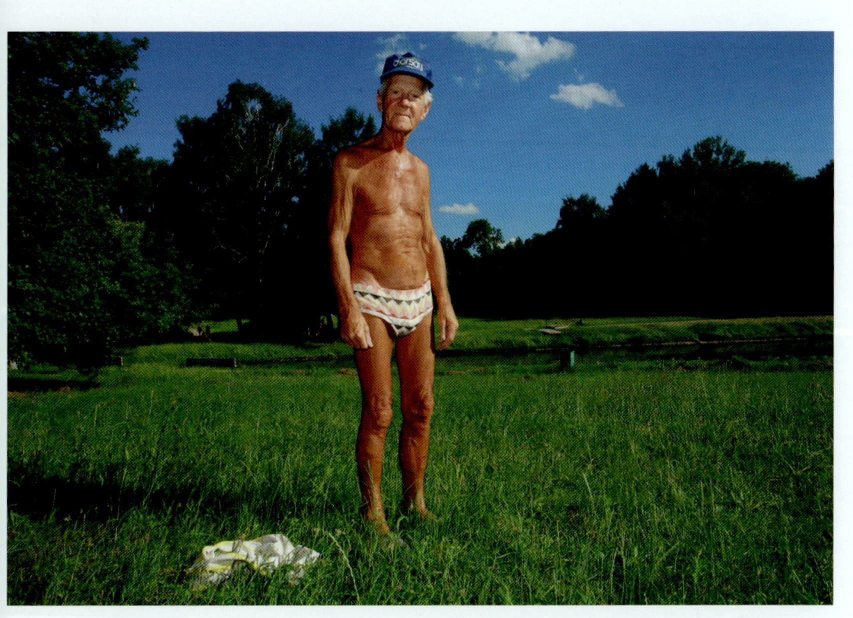

22. Lodz, Polonia, 2007

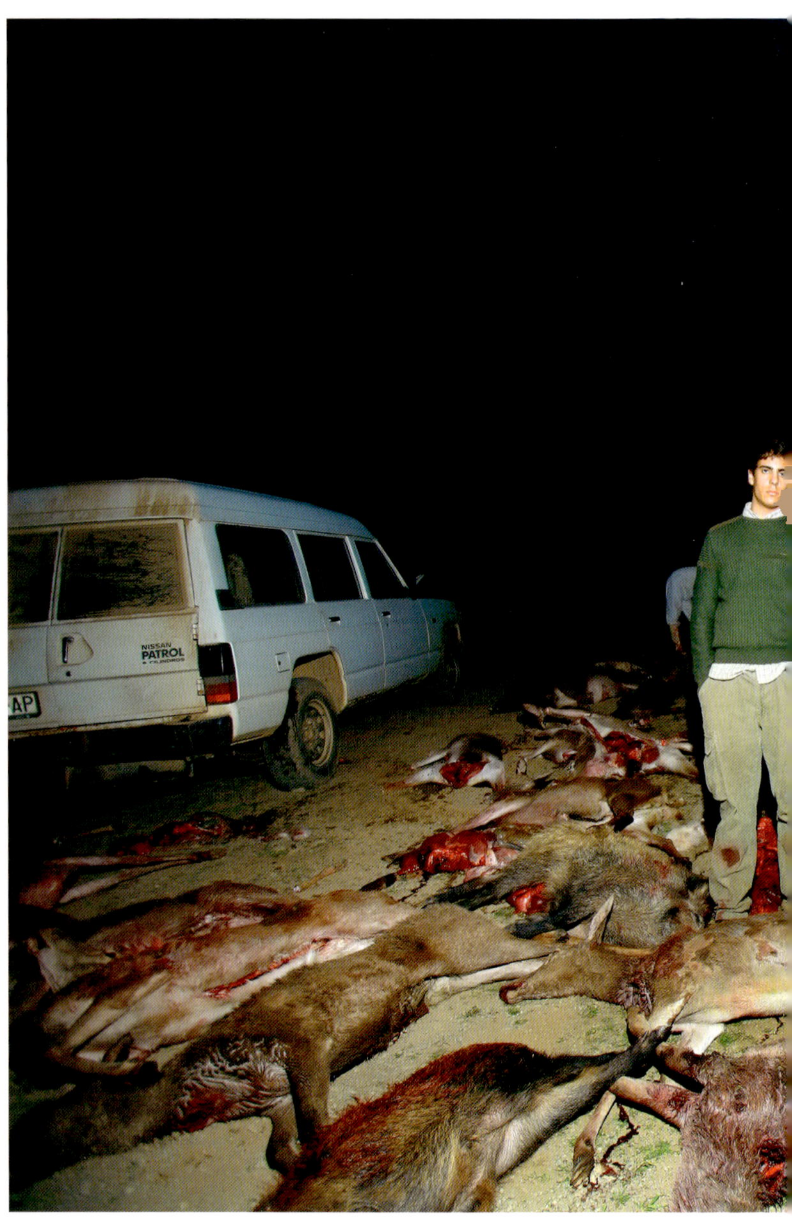

23. La caza del lobo congelado. La Cardenchosa, Córdoba, 2007

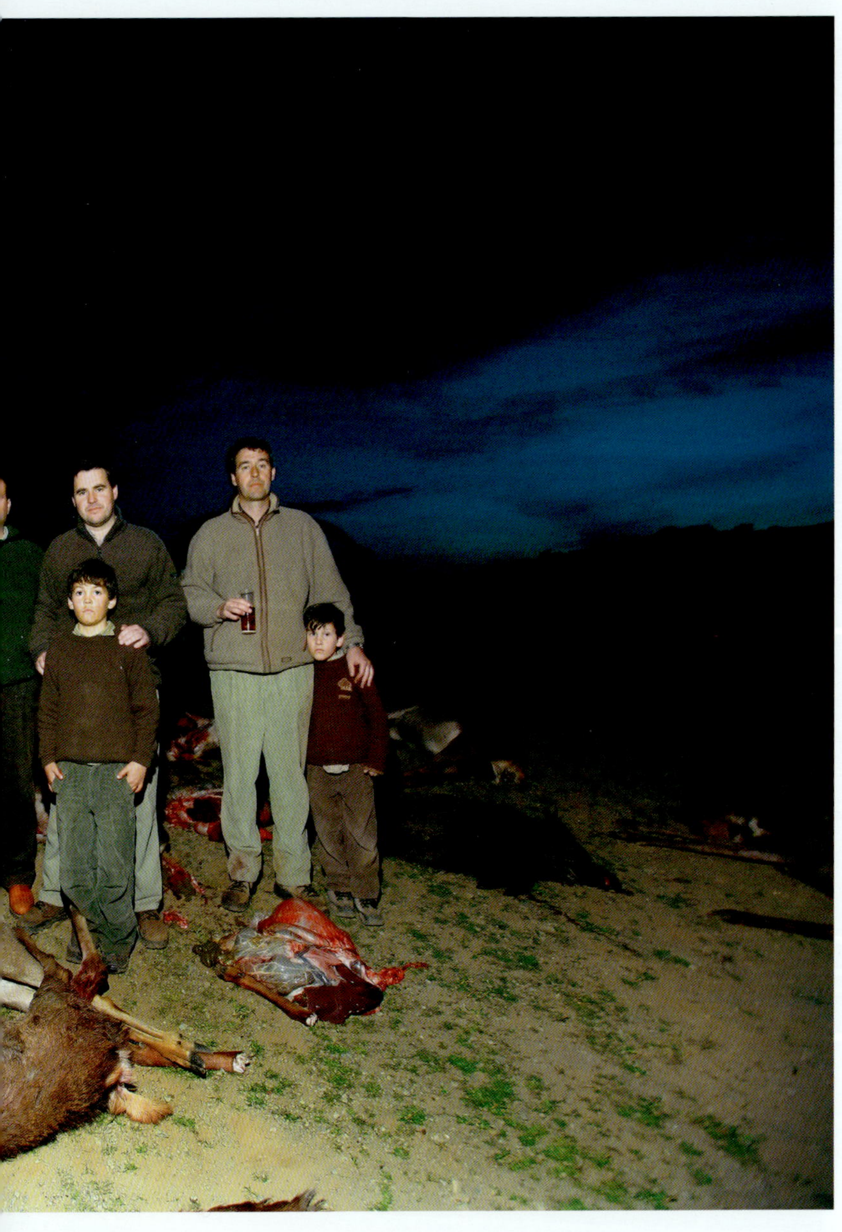

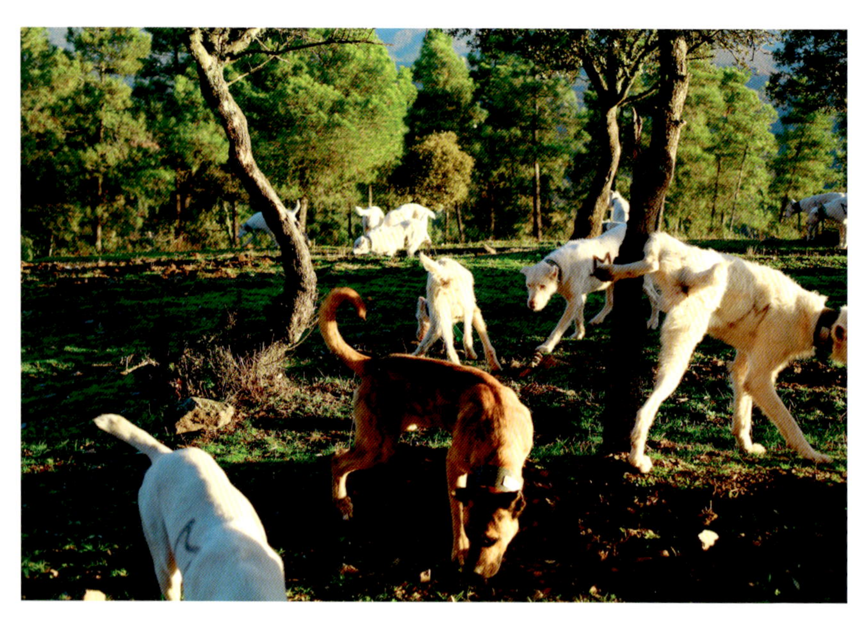

24. La caza del lobo congelado. La Cardenchosa, Córdoba, 2008

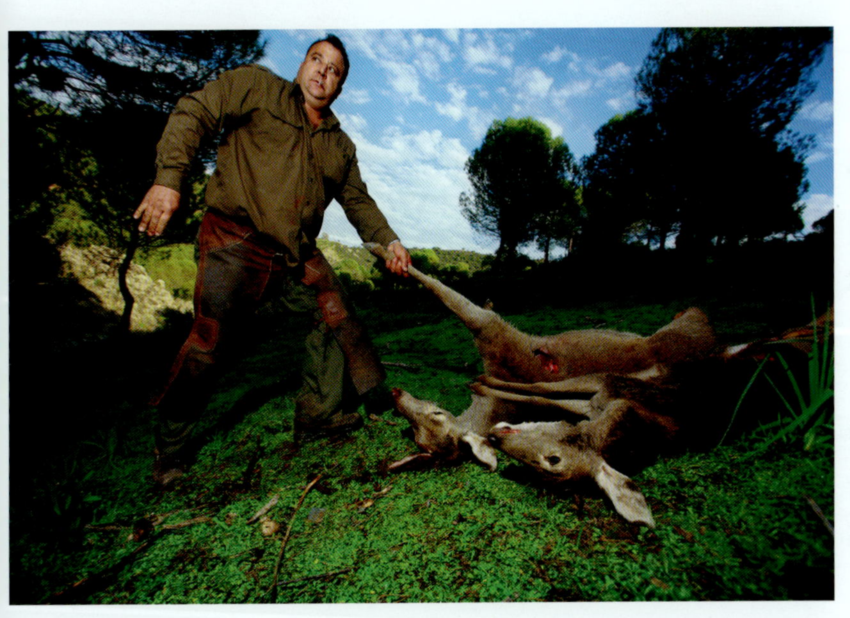

25. La caza del lobo congelado. La Cardenchosa, Córdoba, 2007

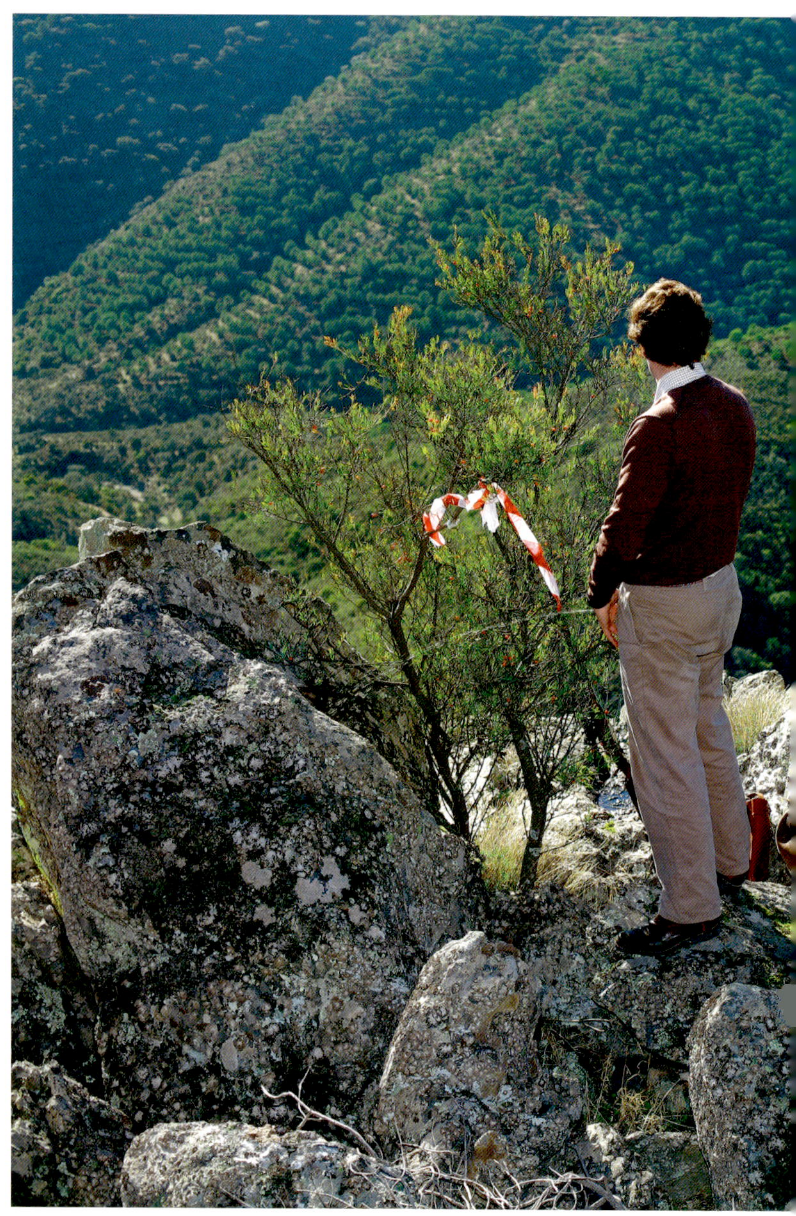

26. La caza del lobo congelado. La Cardenchosa, Córdoba, 2008

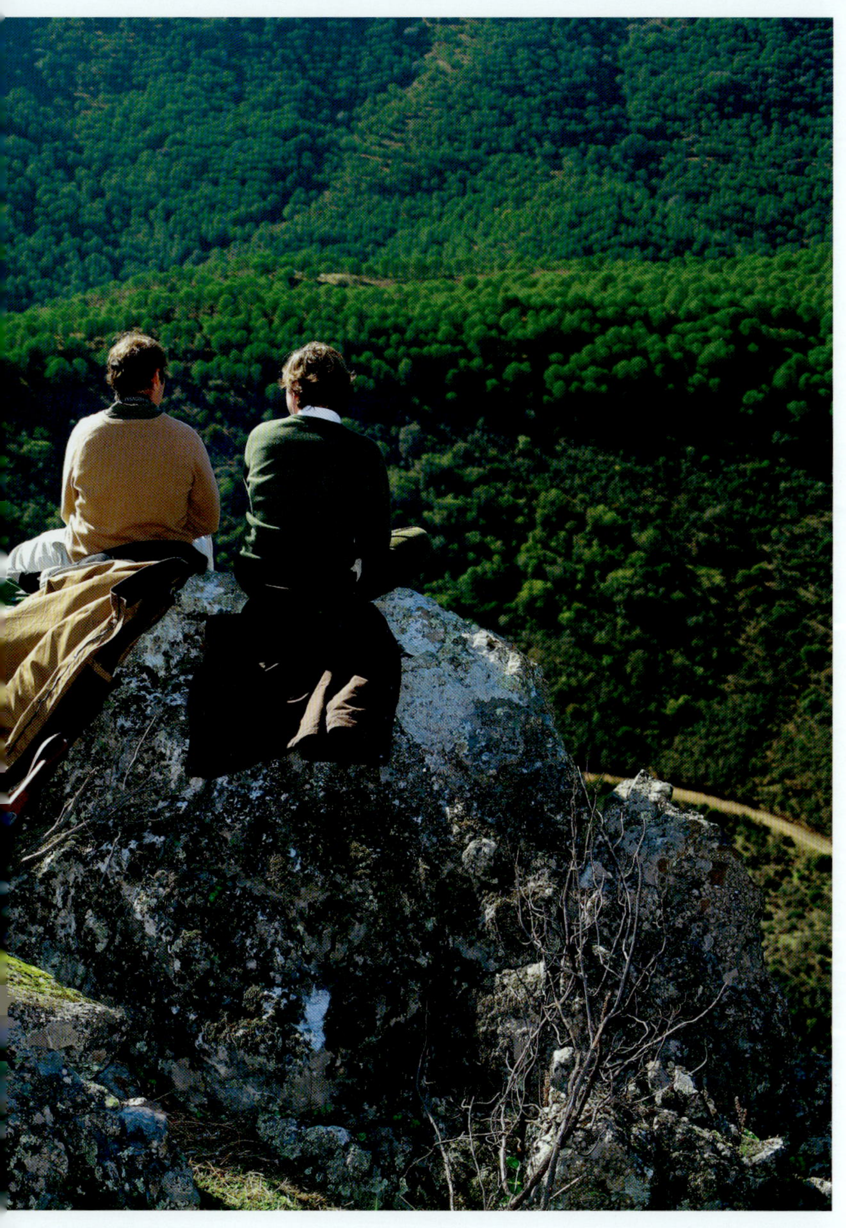

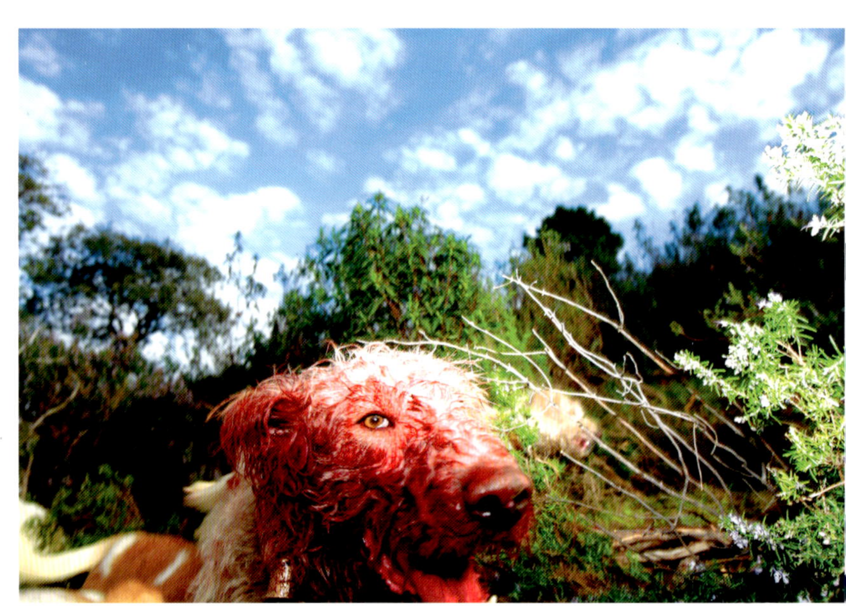

27. La caza del lobo congelado. La Cardenchosa, Córdoba, 2007

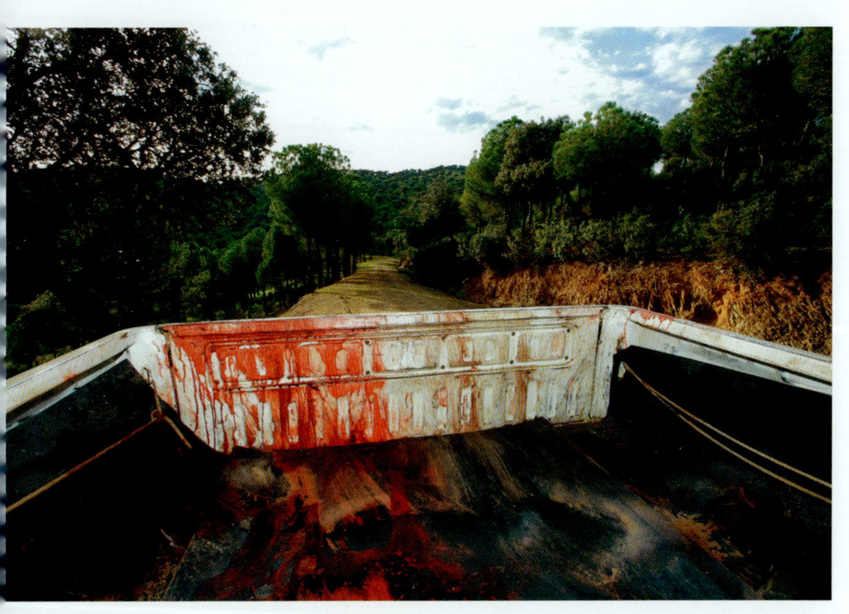

28. La caza del lobo congelado. La Cardenchosa, Córdoba, 2007

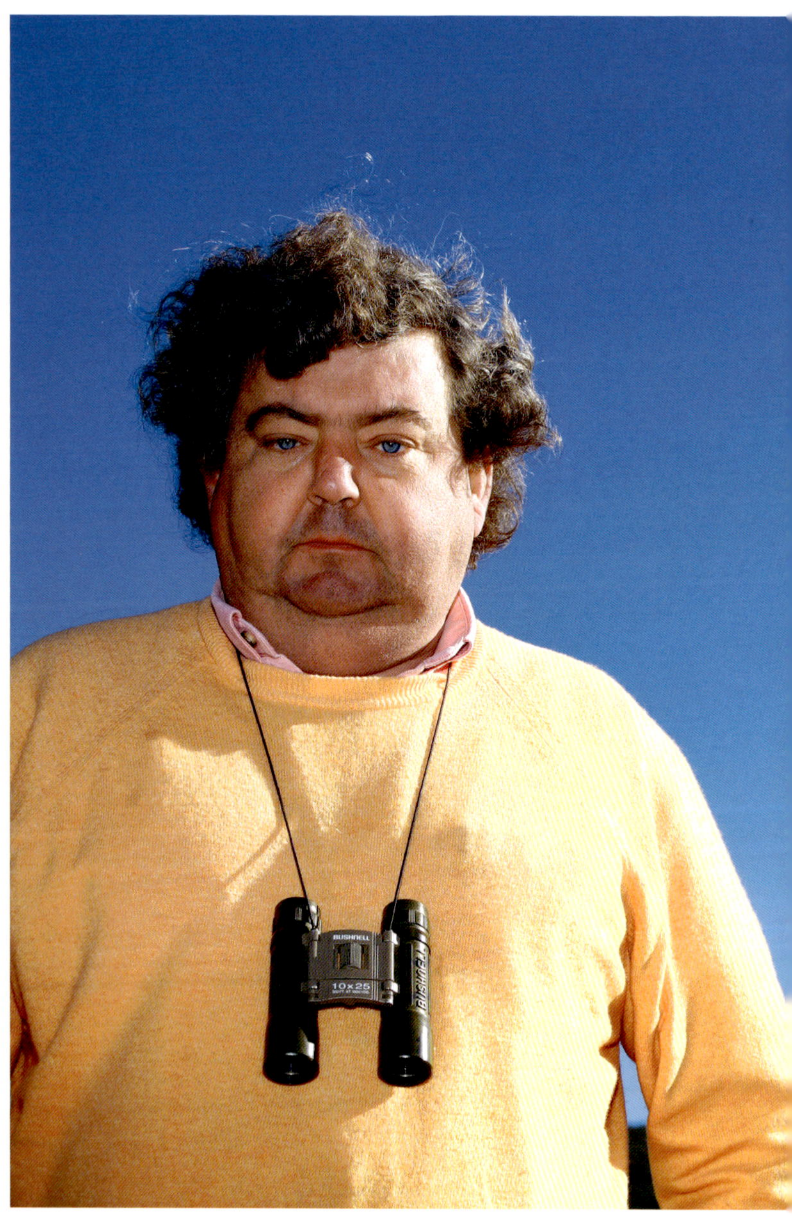

29. La caza del lobo congelado. La Cardenchosa, Córdoba, 2008

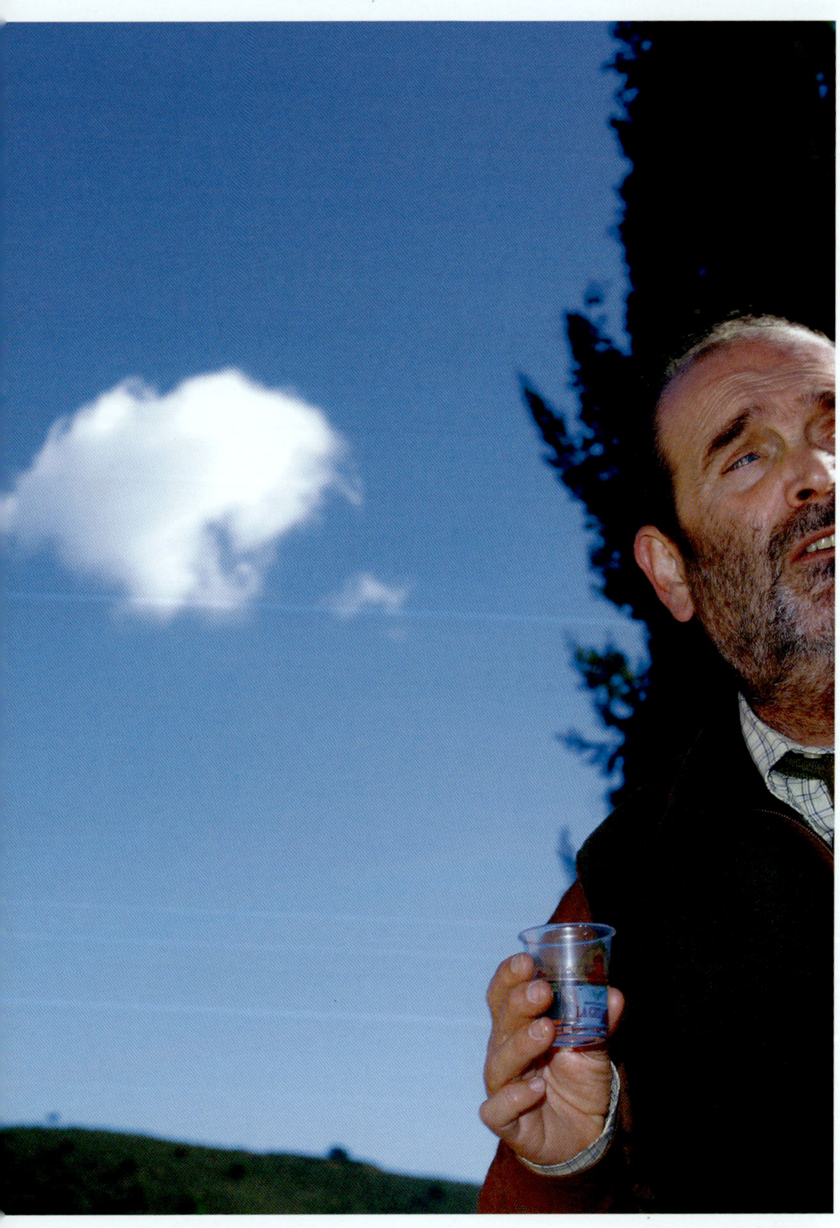

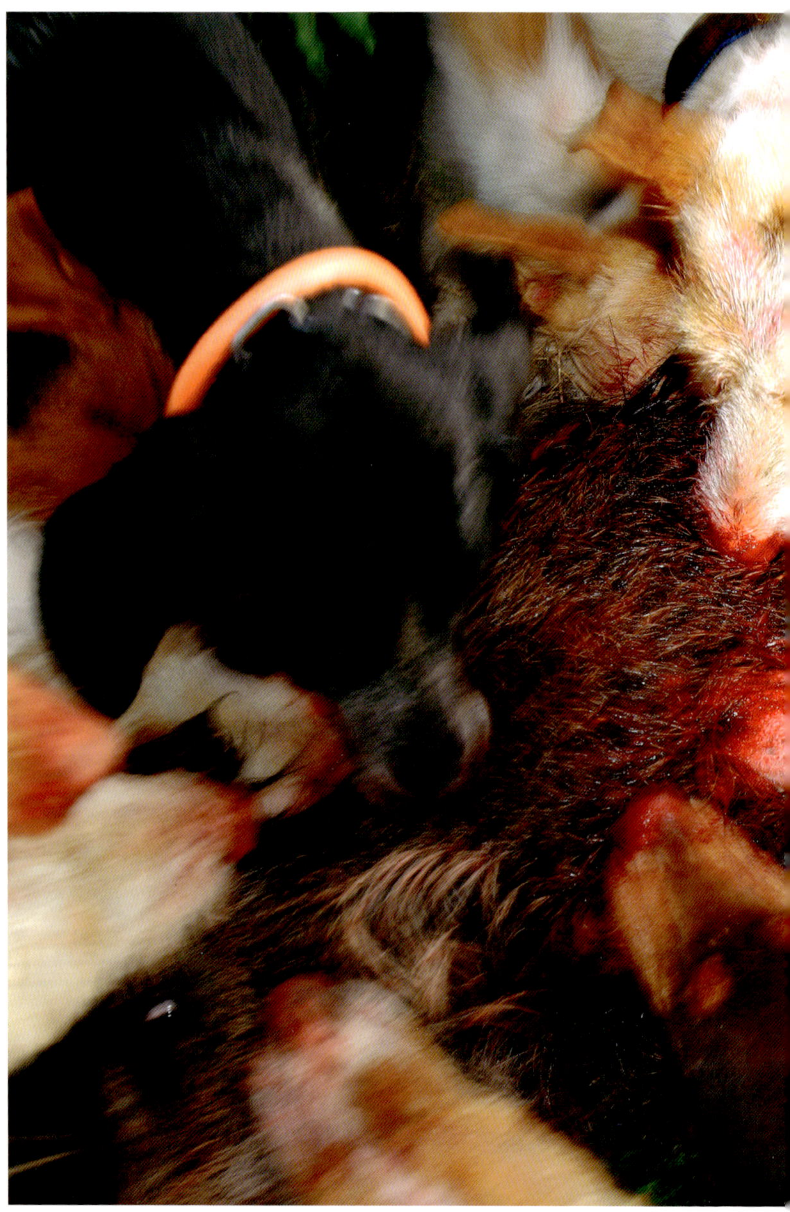

30. La caza del lobo congelado. La Cardenchosa, Córdoba, 2007

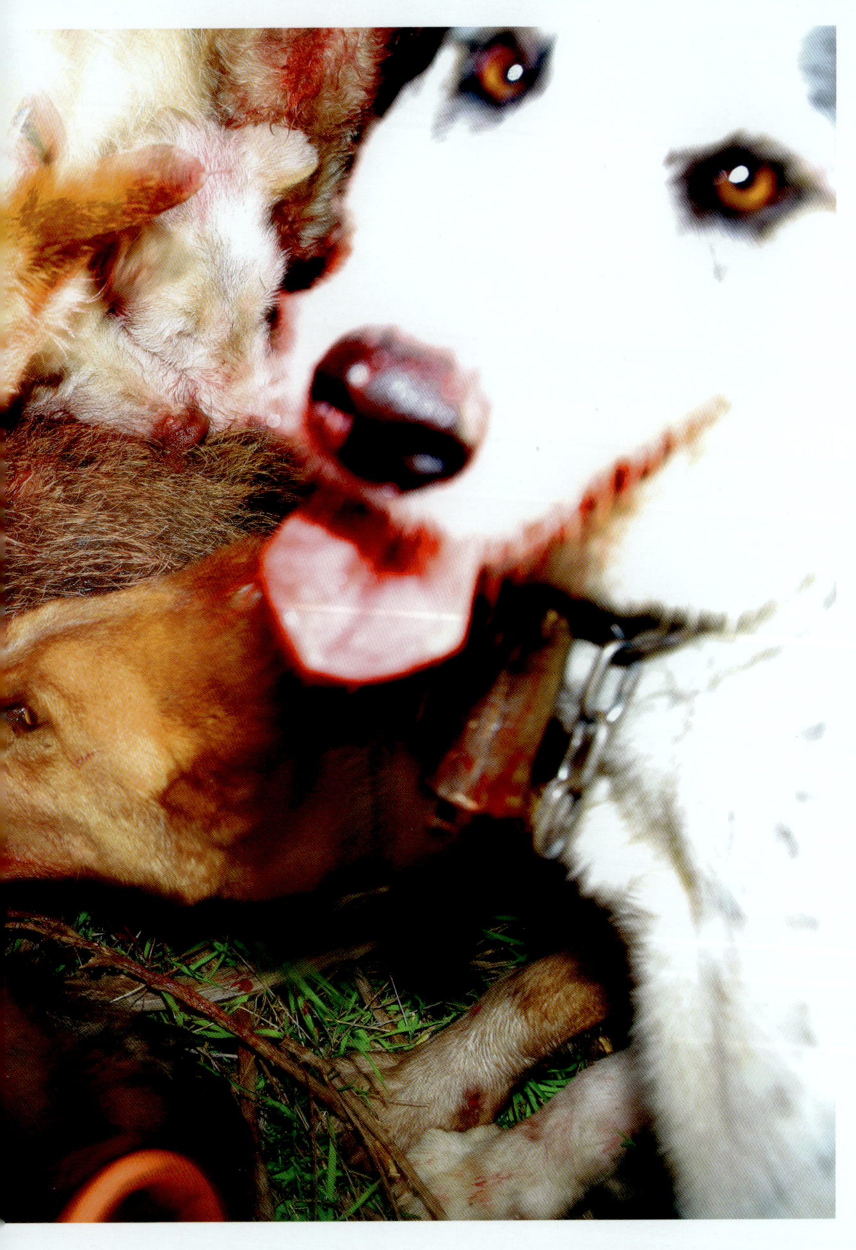

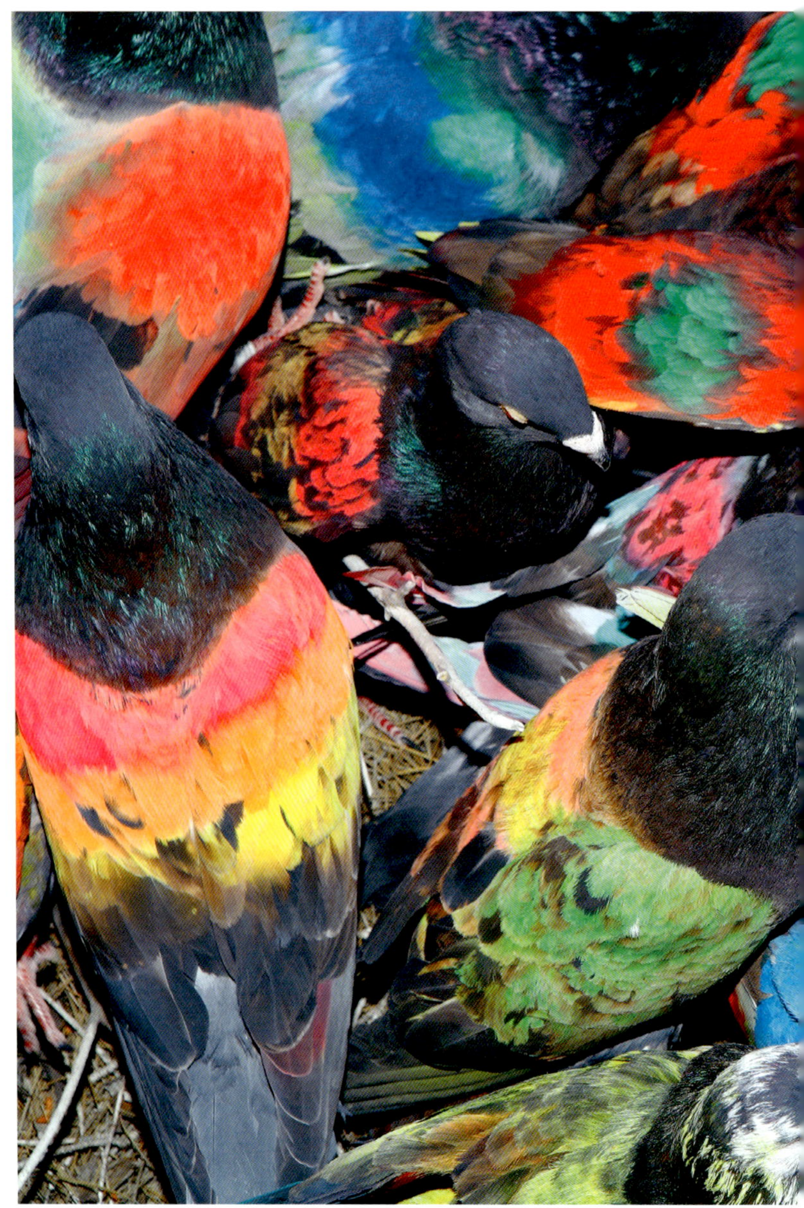

31. Paloma al aire. Orihuela, Alicante, 2009

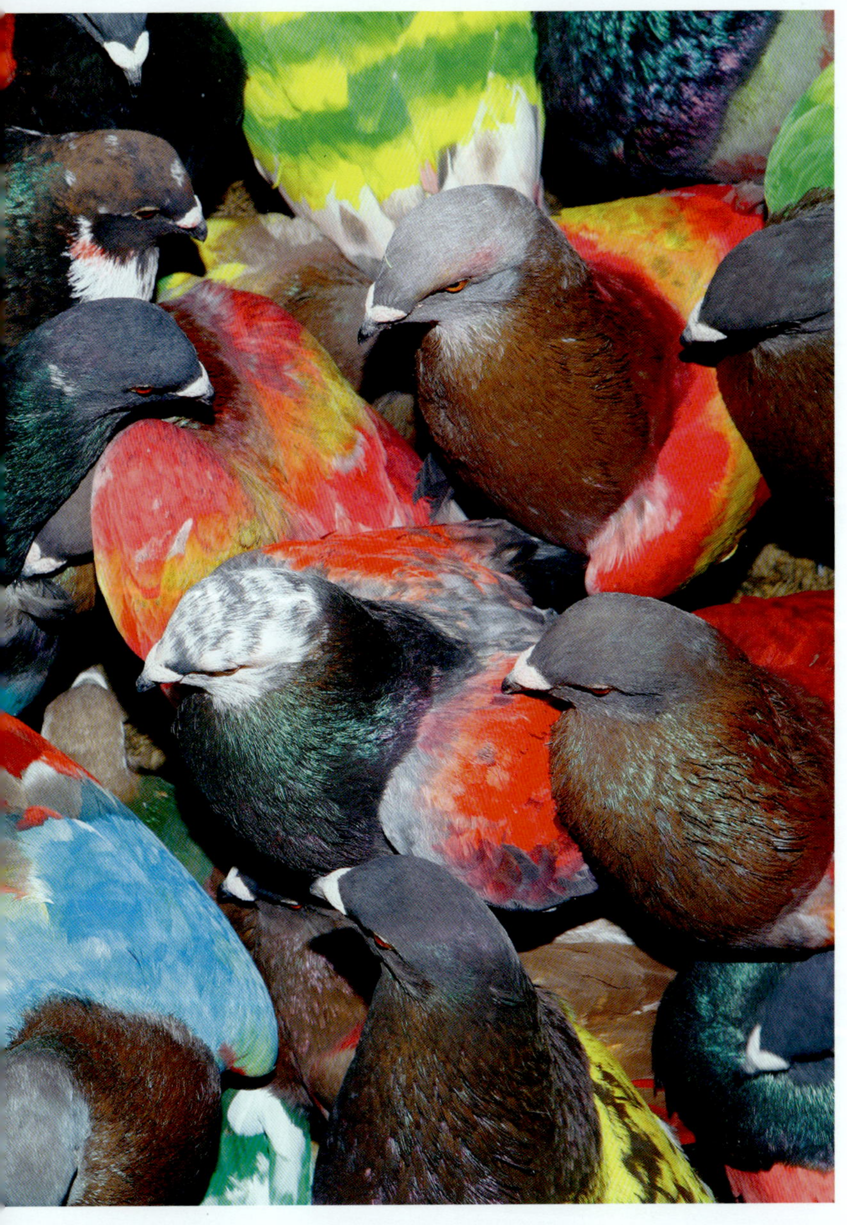

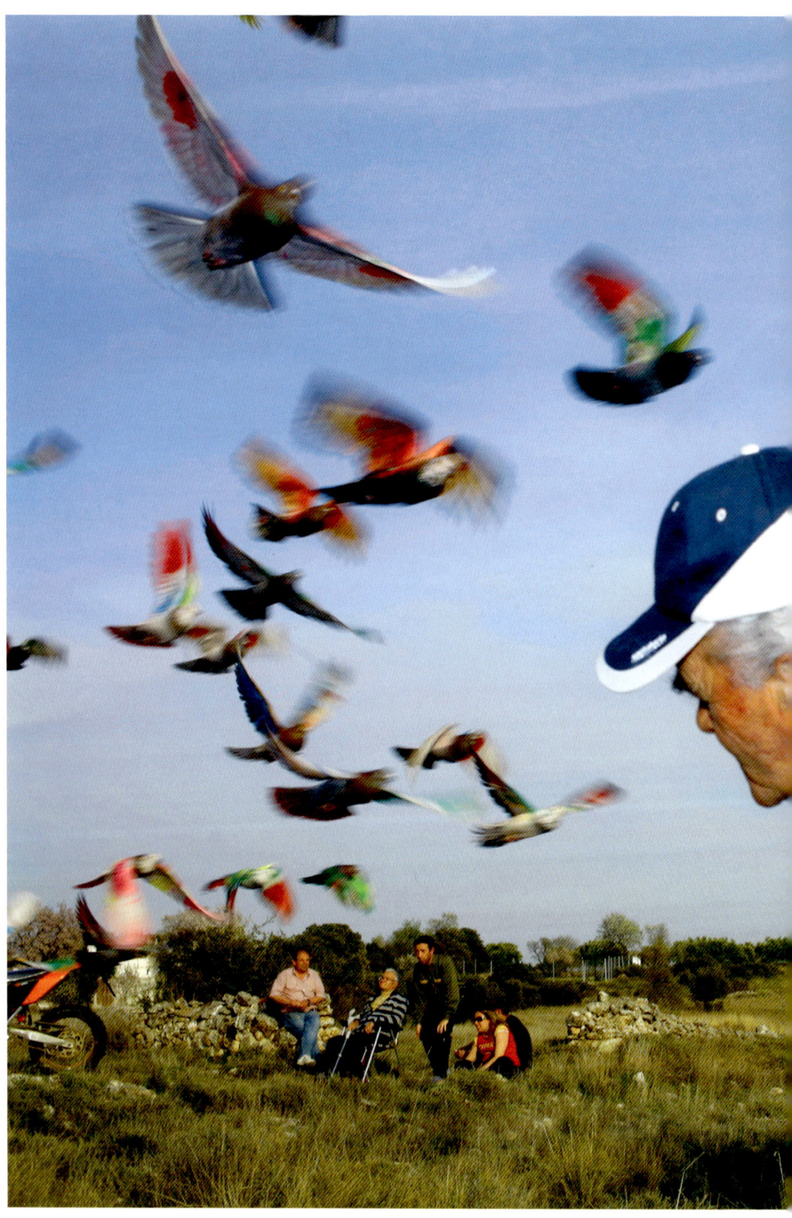

32. Paloma al aire. Carabaña, Madrid, 2009

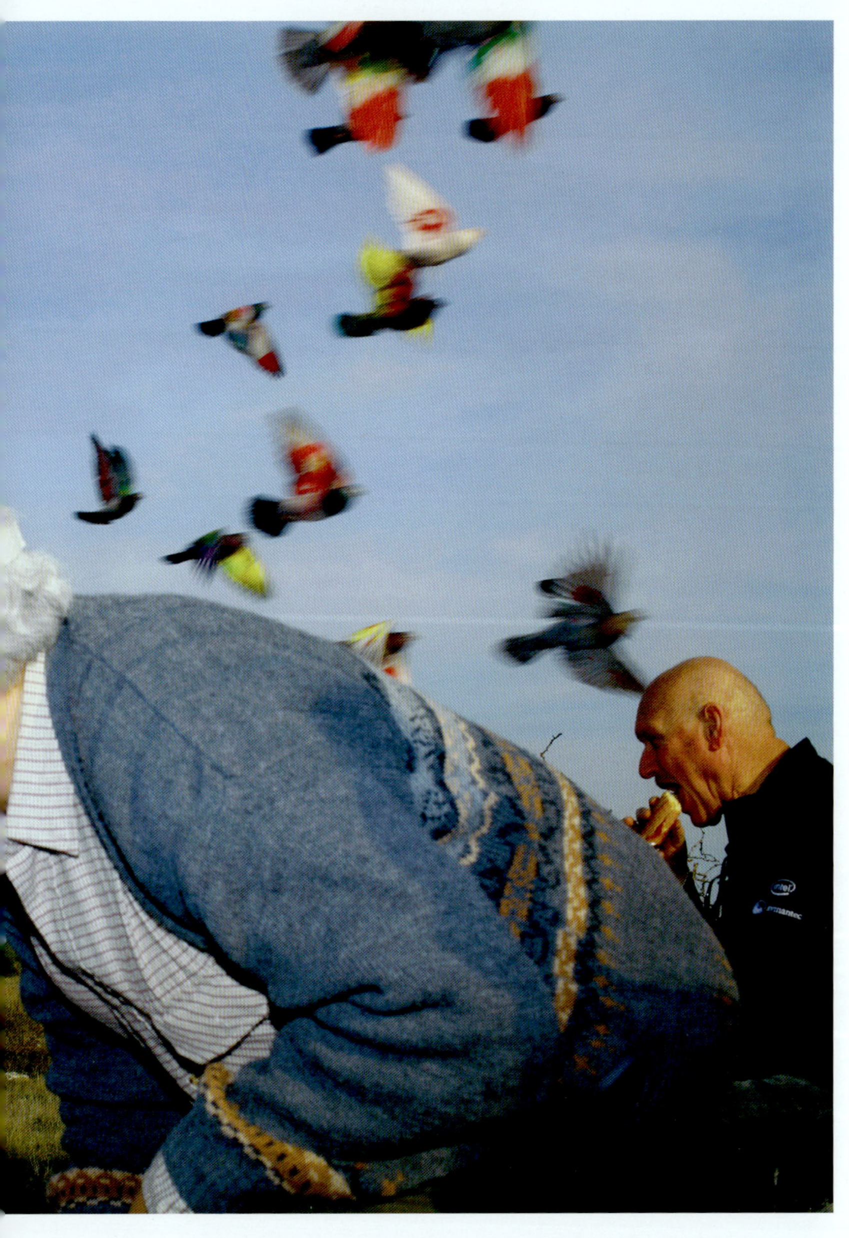

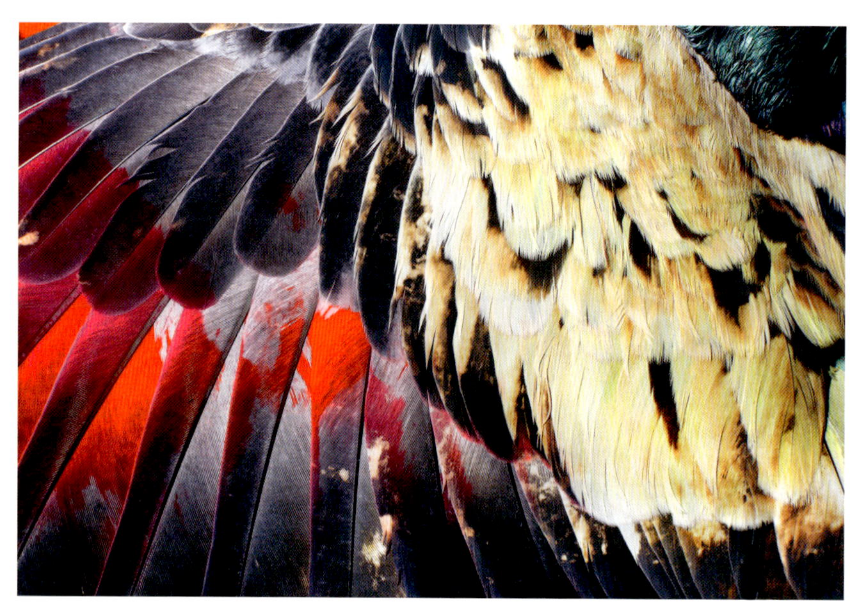

33. Paloma al aire. La Matanza, Alicante, 2010

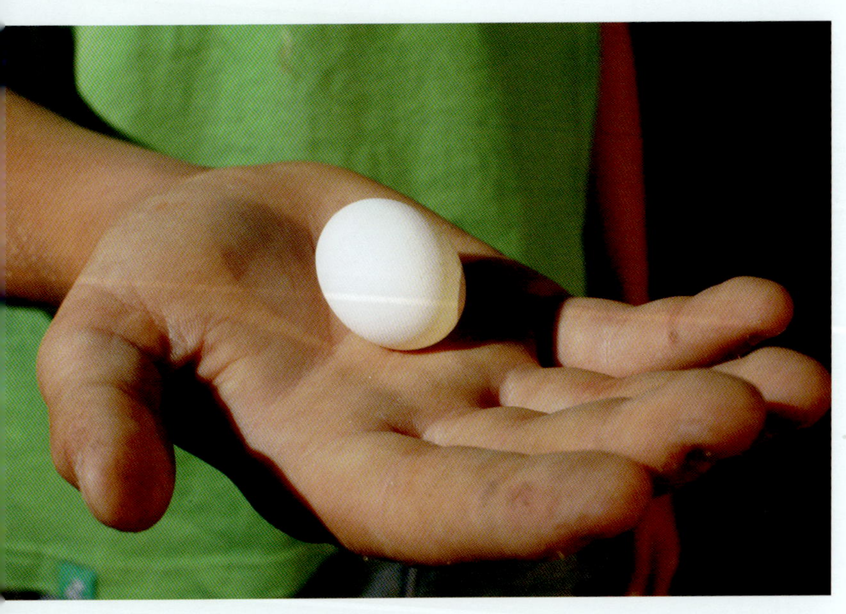

34. Paloma al aire. Torrevieja, Alicante, 2010

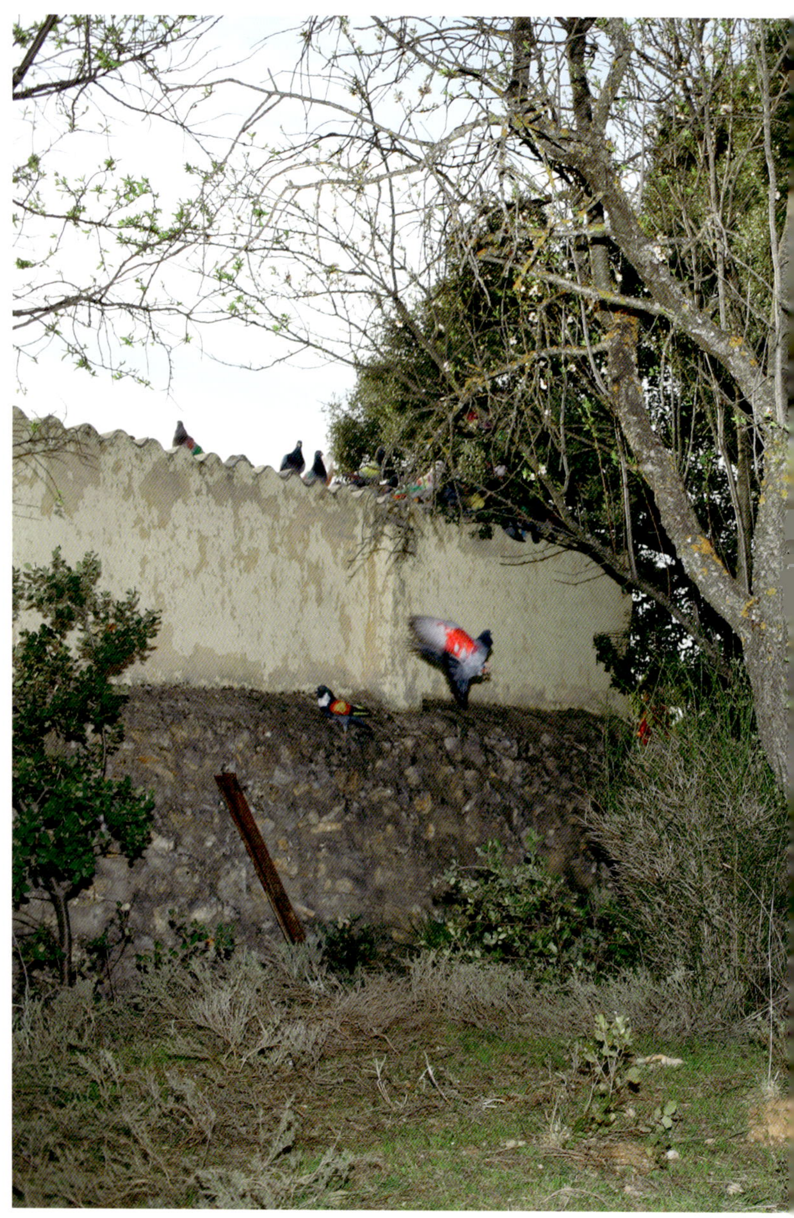

35. Paloma al aire. Carabaña, Madrid, 2009

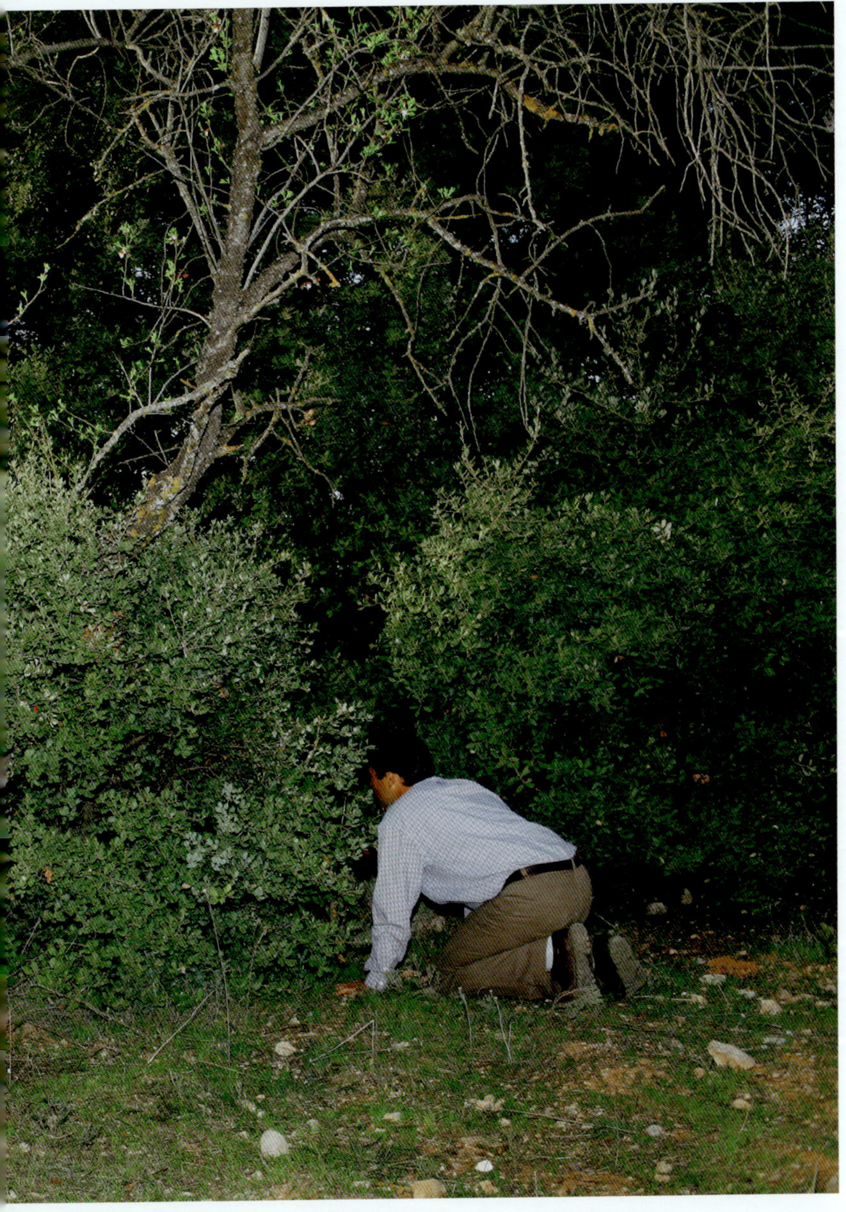

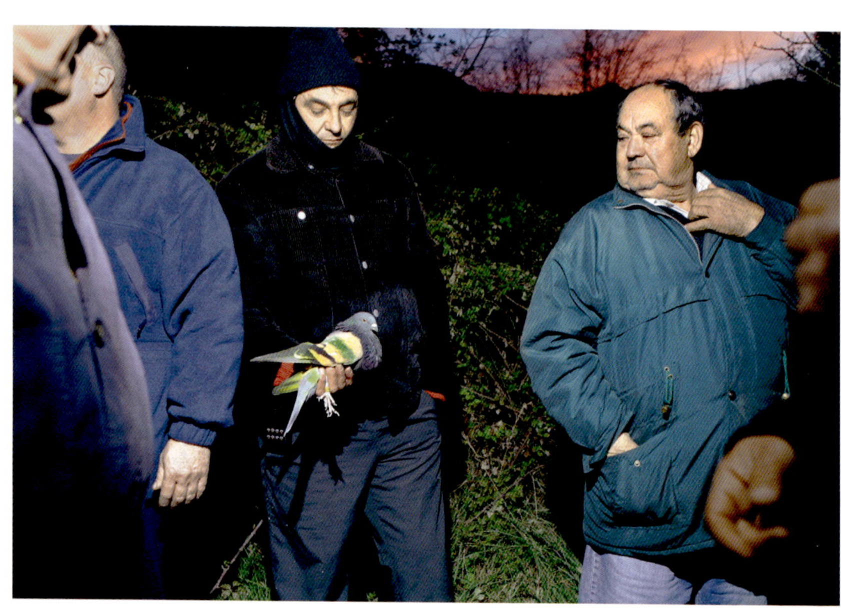

36. Paloma al aire. Artana, Castellón, 2008

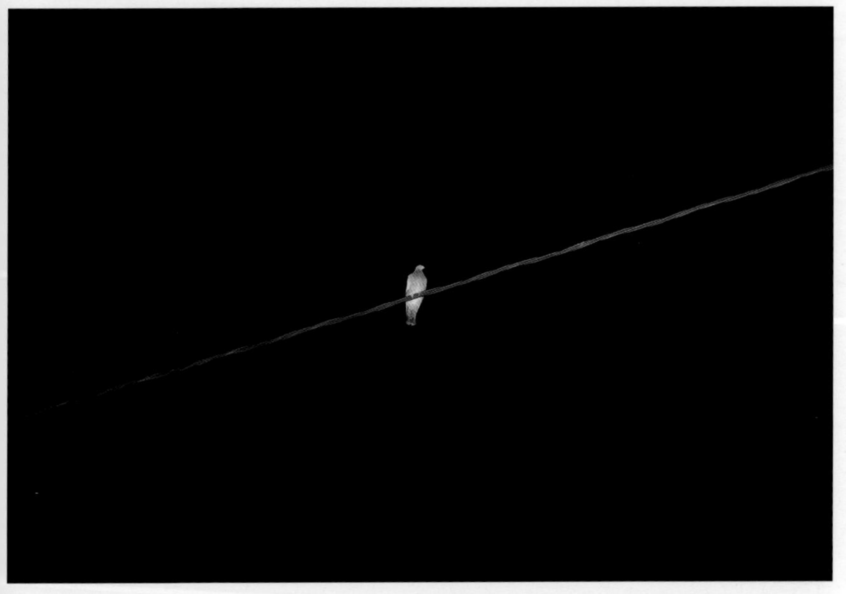

37. Paloma al aire. La Matanza, Alicante, 2009

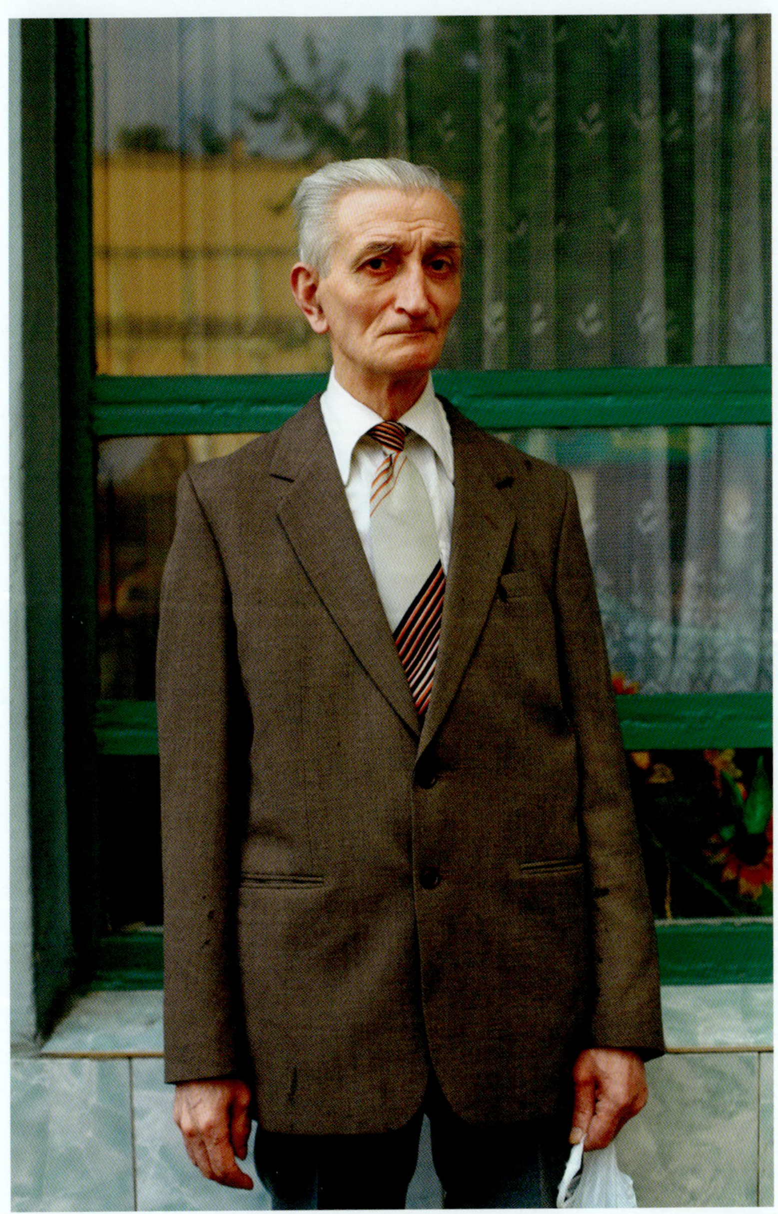

38. Lodz, Polonia, 2007

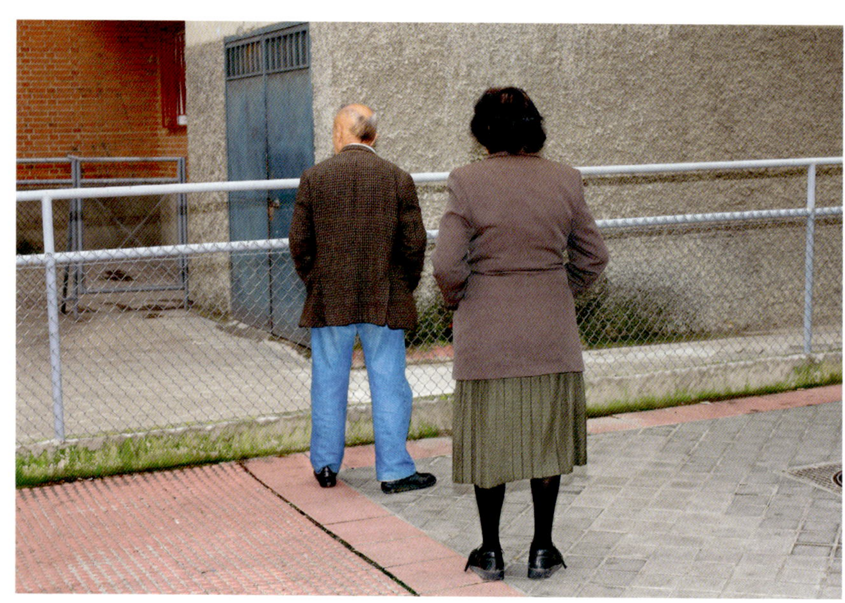

39. La ciudad que soy. Madrid, 2008

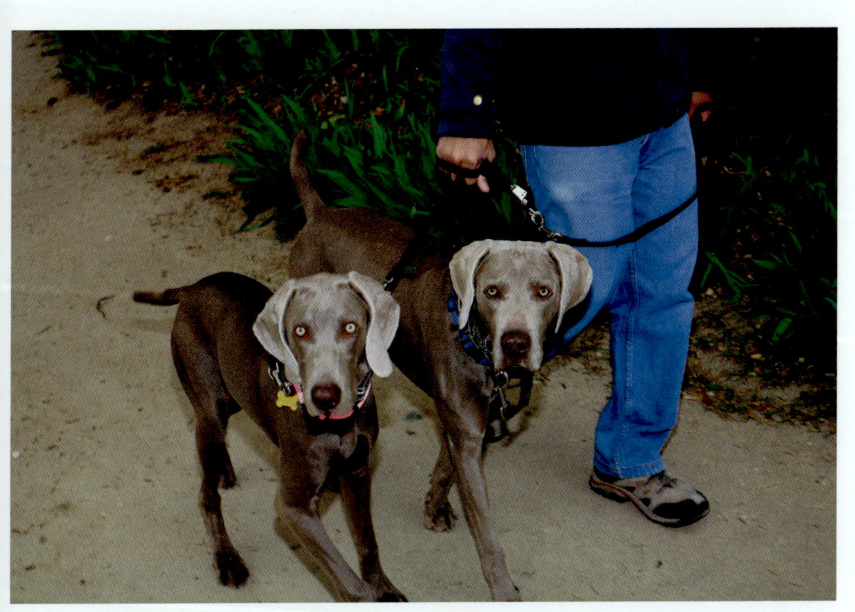

40. La ciudad que soy. Madrid, 2008

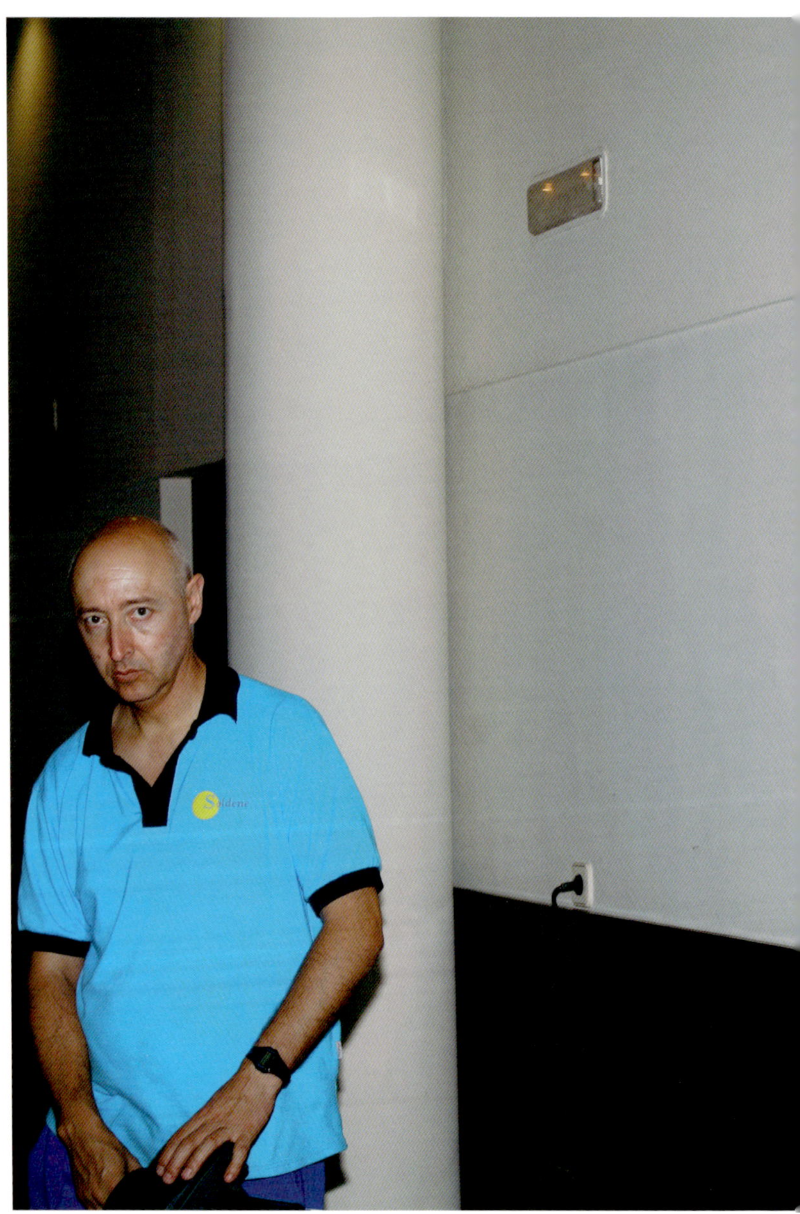

41. La ciudad que soy. Madrid, 2008

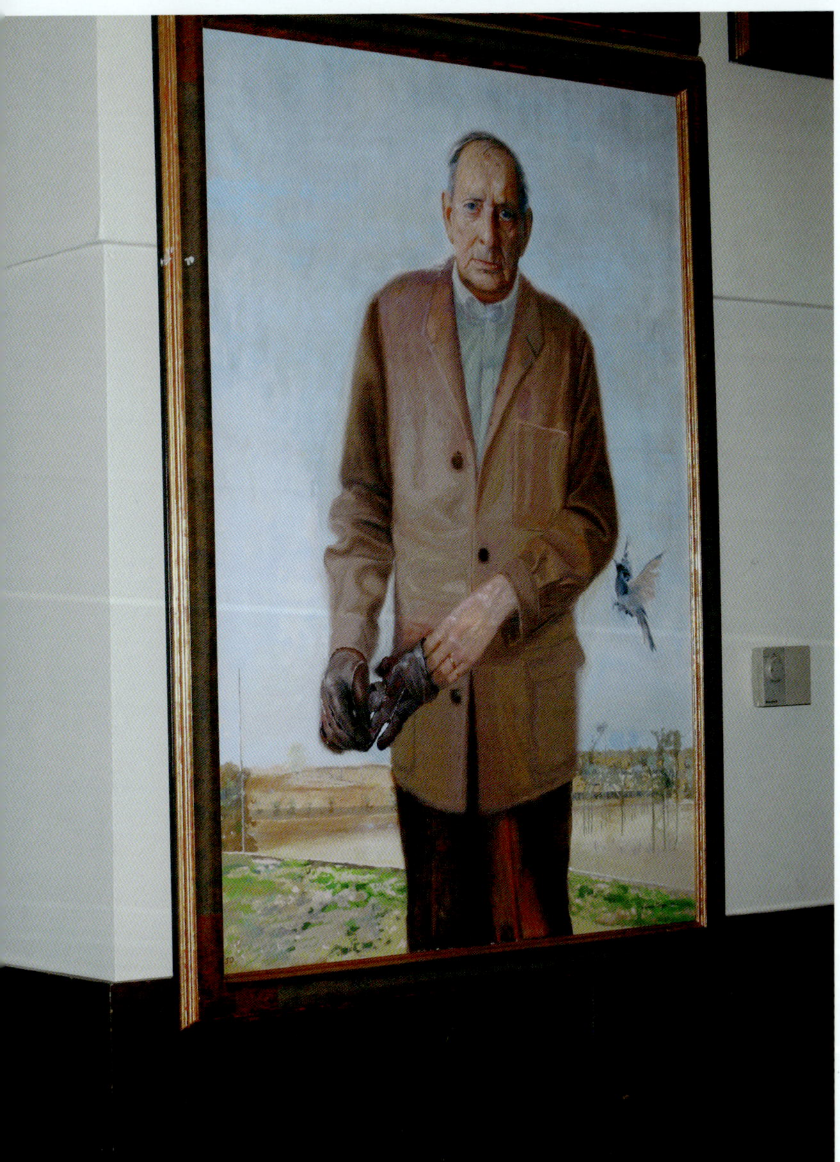

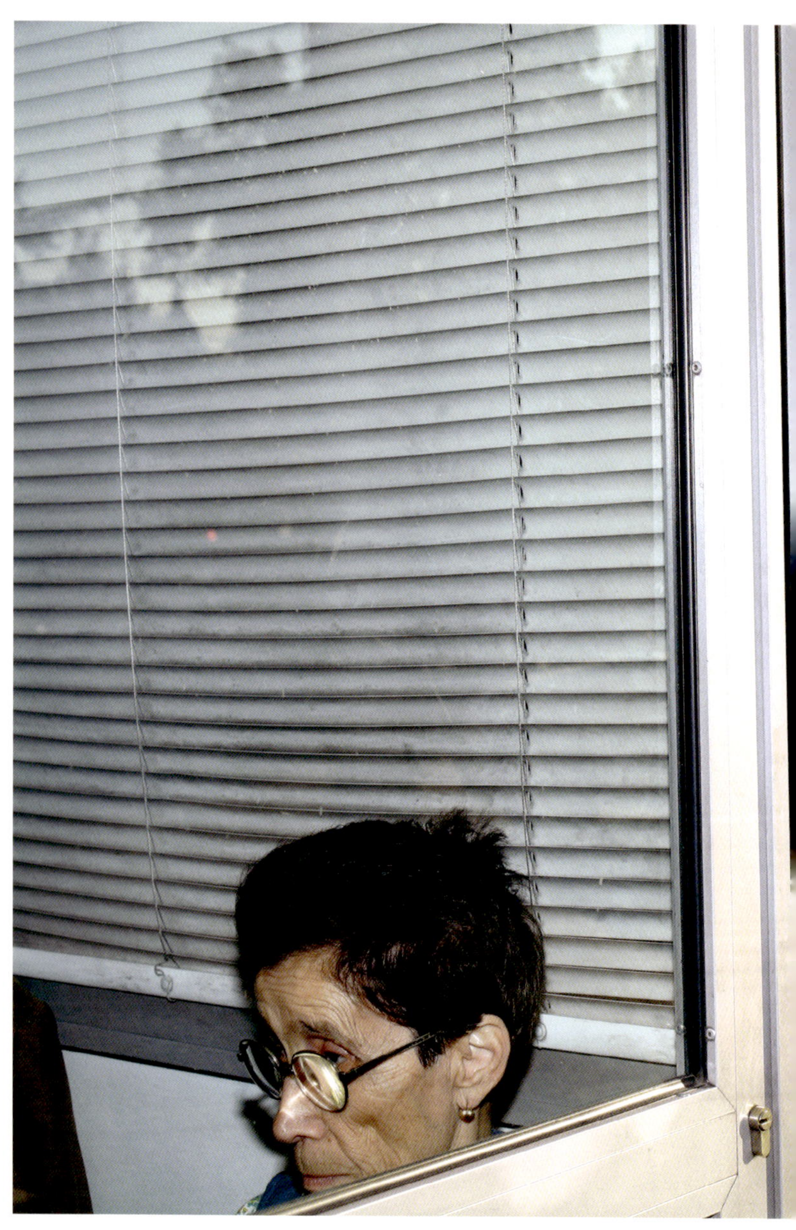

42. La ciudad que soy. Madrid, 2008

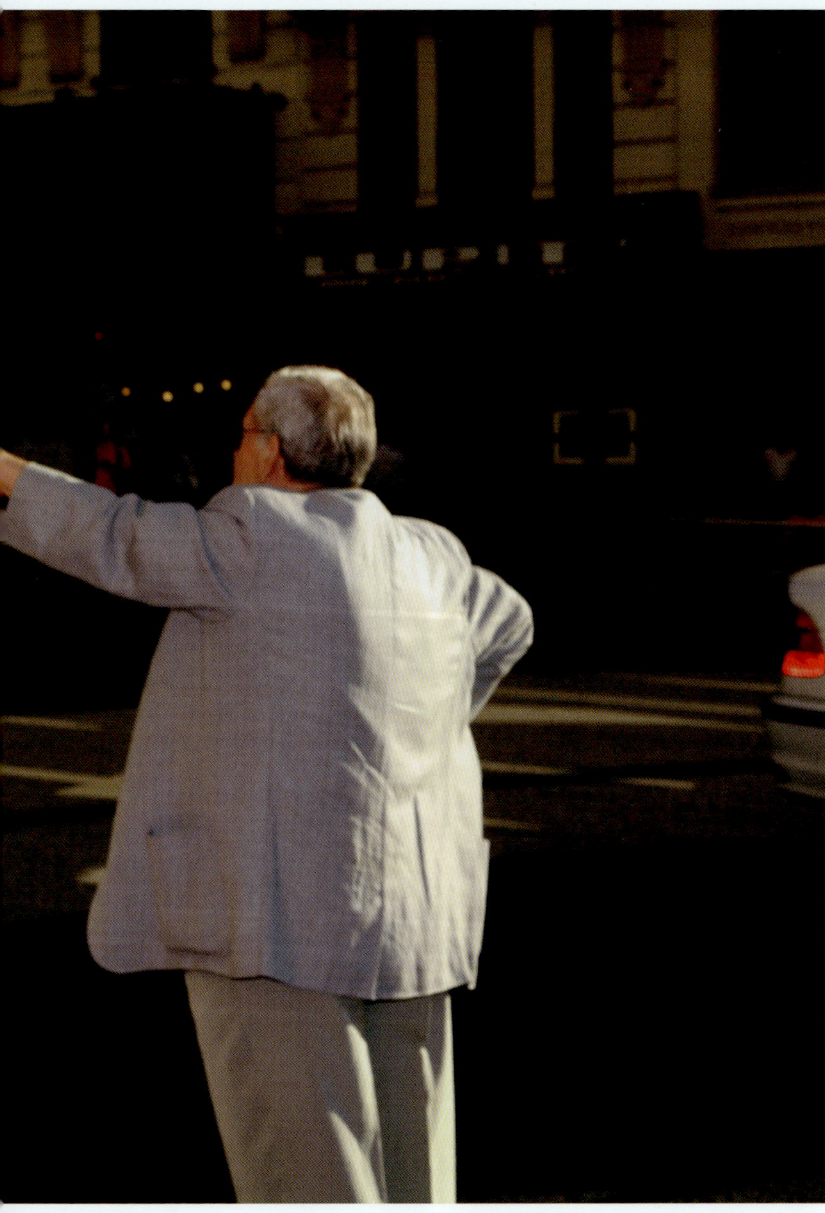

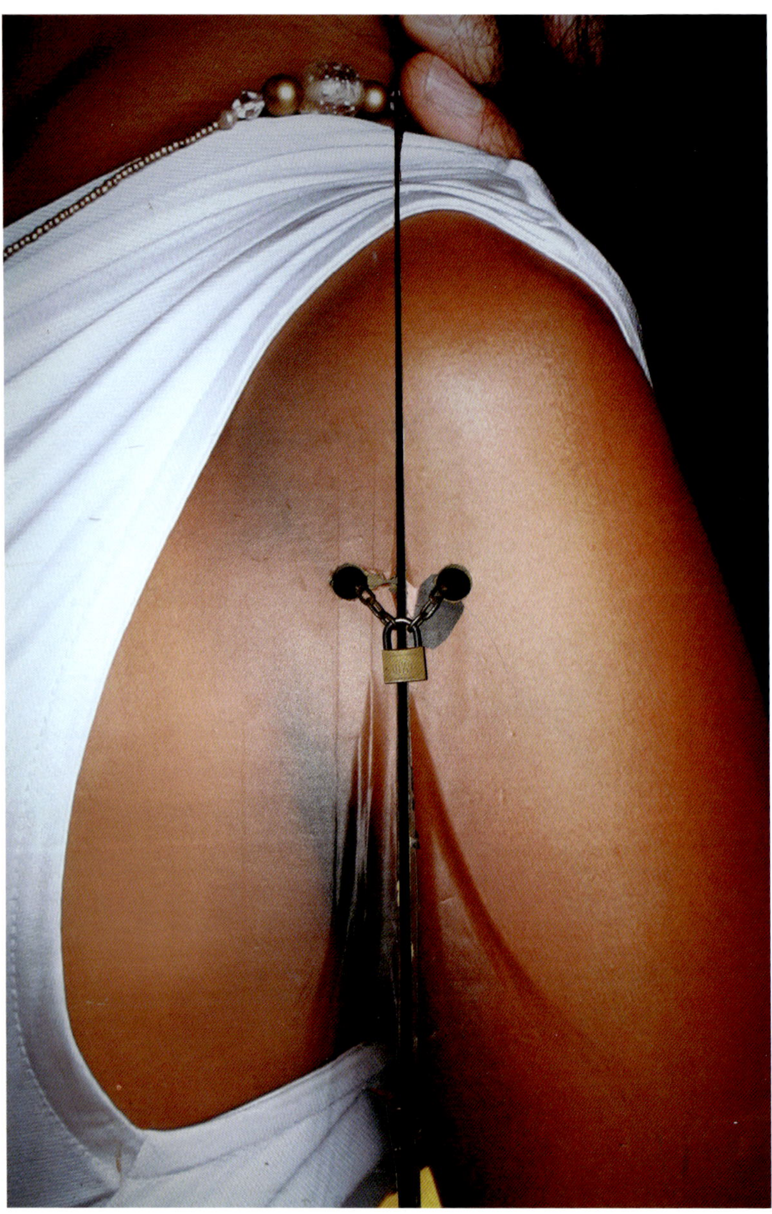

43. La ciudad que soy. Madrid, 2007

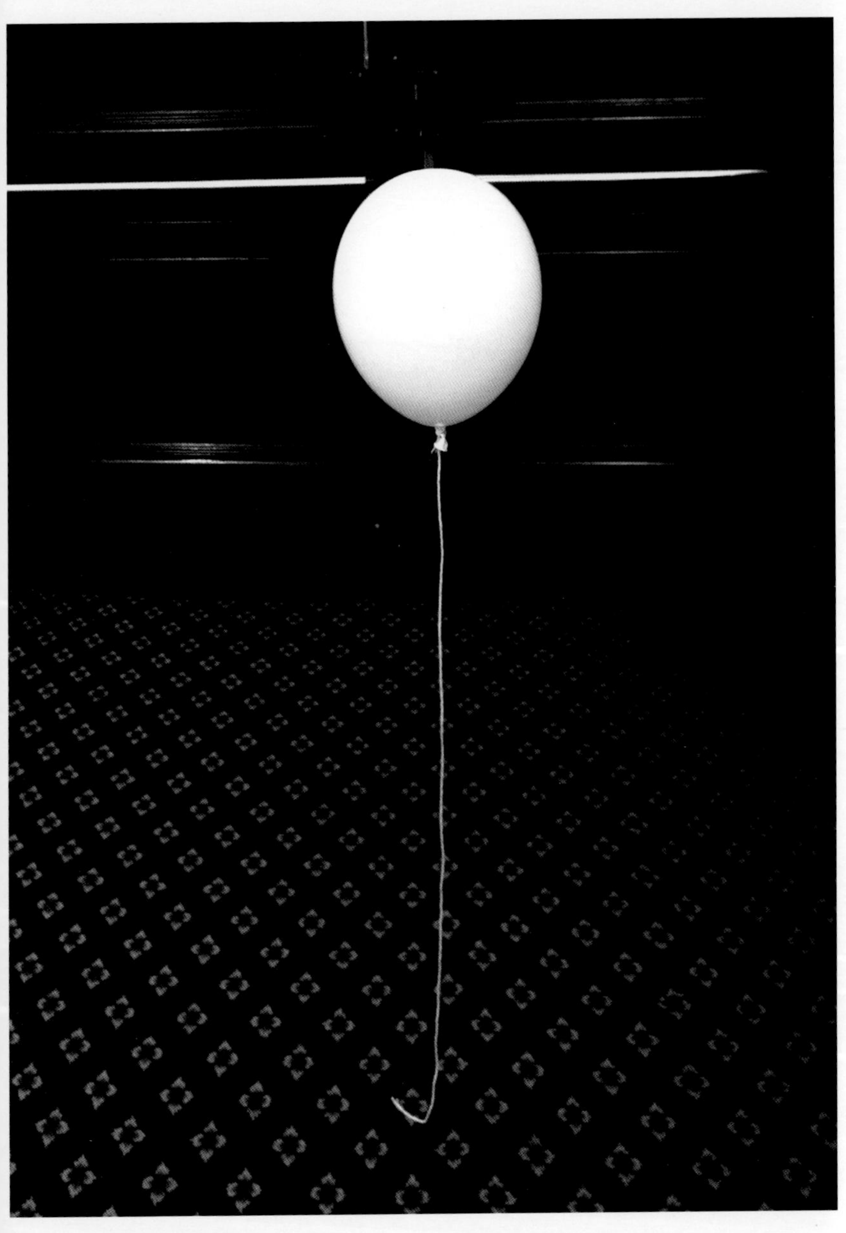

44. La ciudad que soy. Madrid, 2004

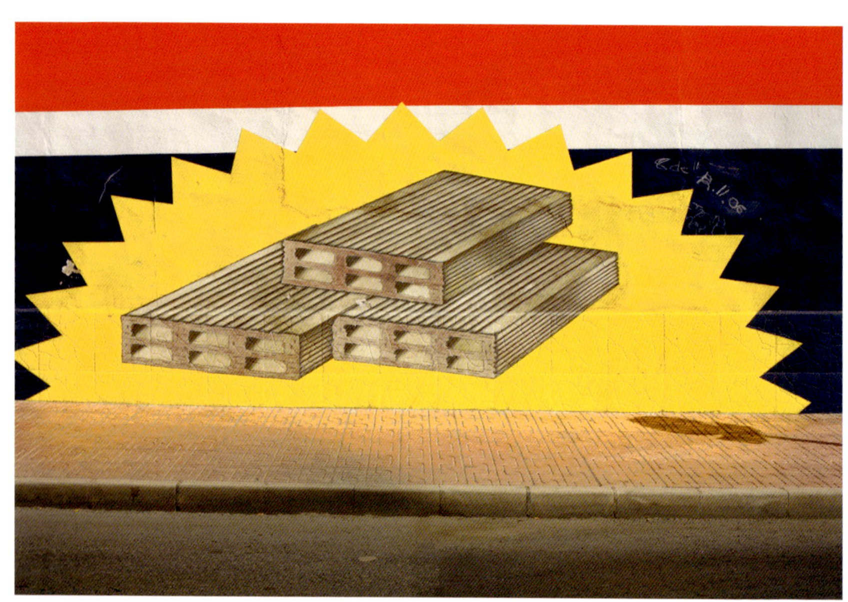

45. El porqué de las naranjas. Torrevieja, Alicante, 2009

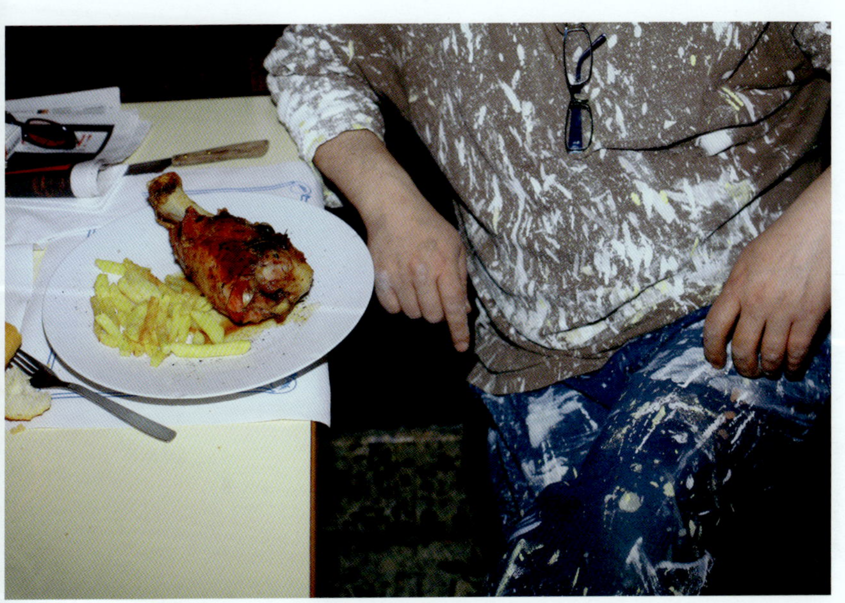

46. La ciudad que soy. Madrid, 2008

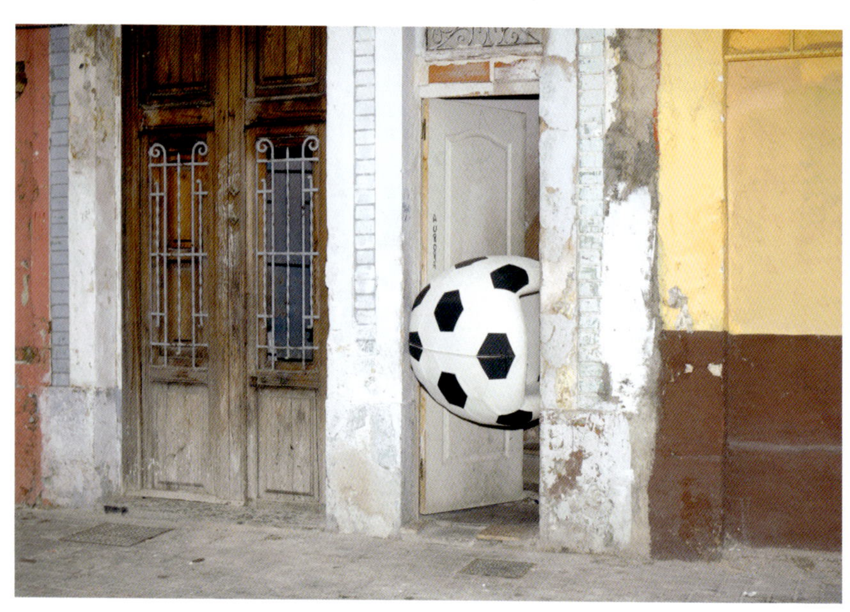

47. El porqué de las naranjas. Valencia, 2011

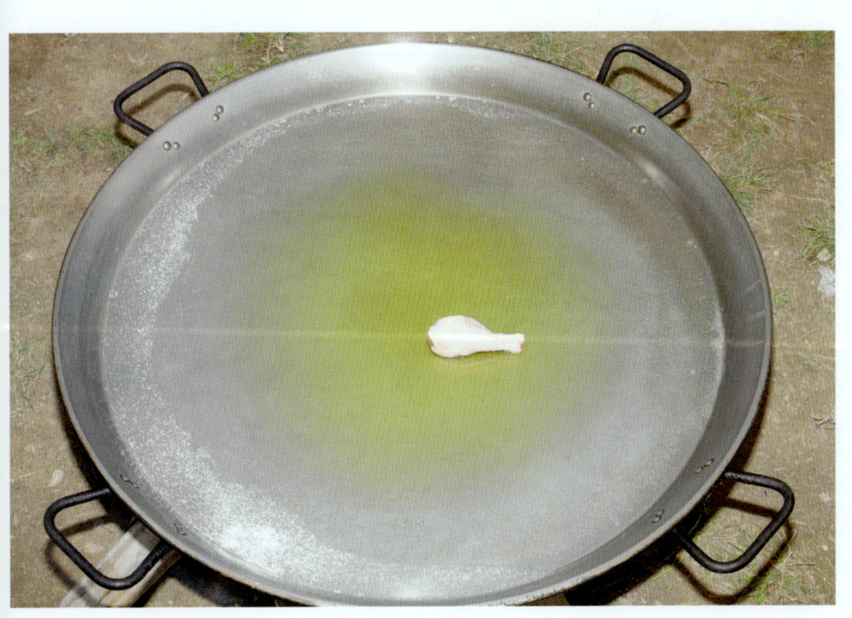

48. El porqué de las naranjas. Valencia, 2011

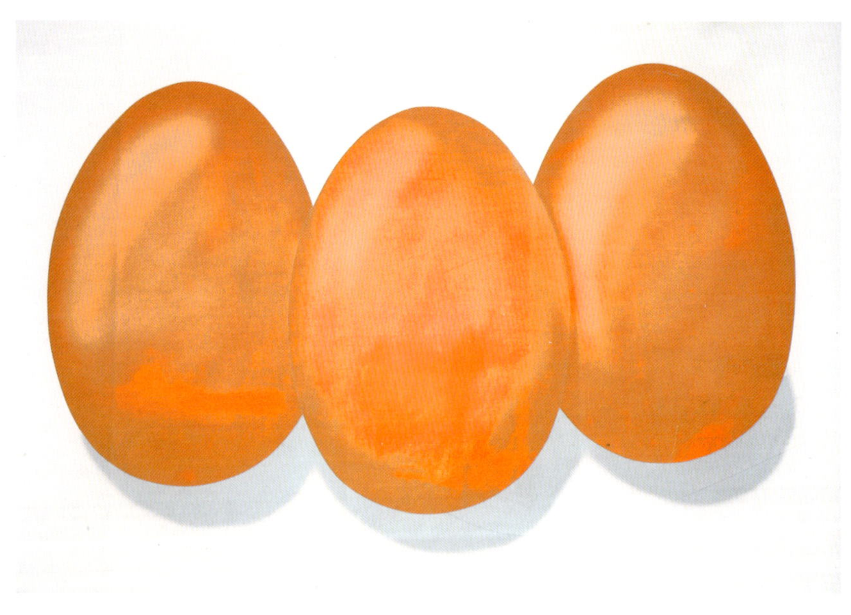

49. El porqué de las naranjas. Valencia, 2009

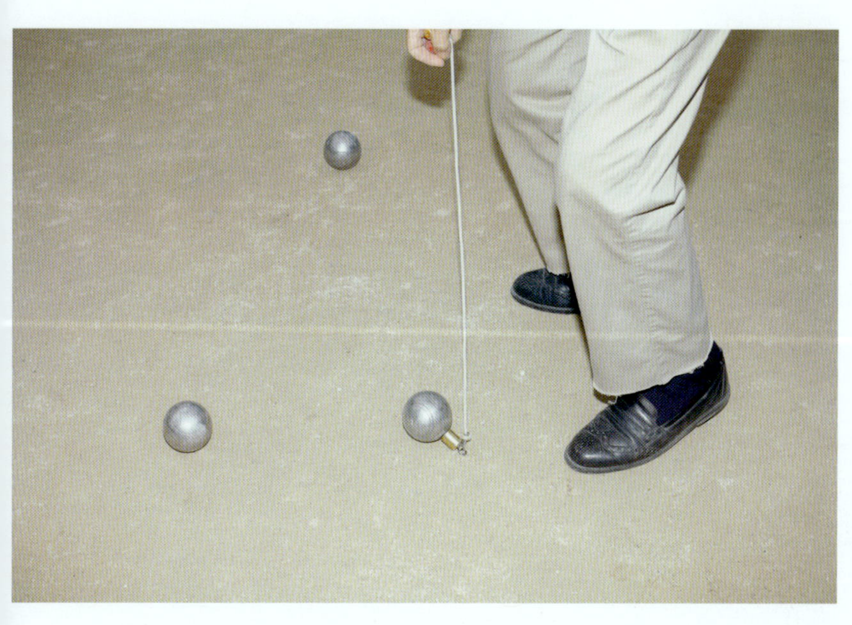

50. El porqué de las naranjas. Valencia, 2011

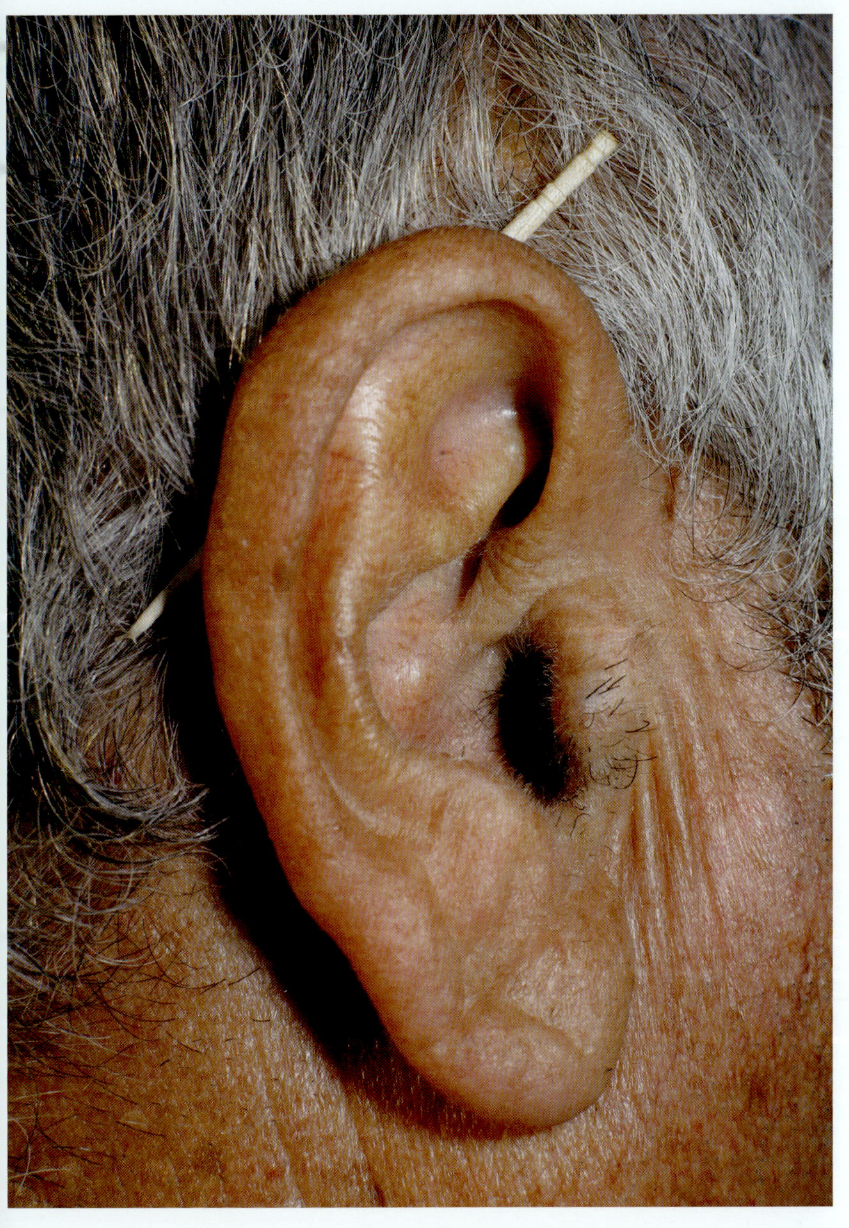

51. Paloma al aire. El Siscar, Murcia, 2010

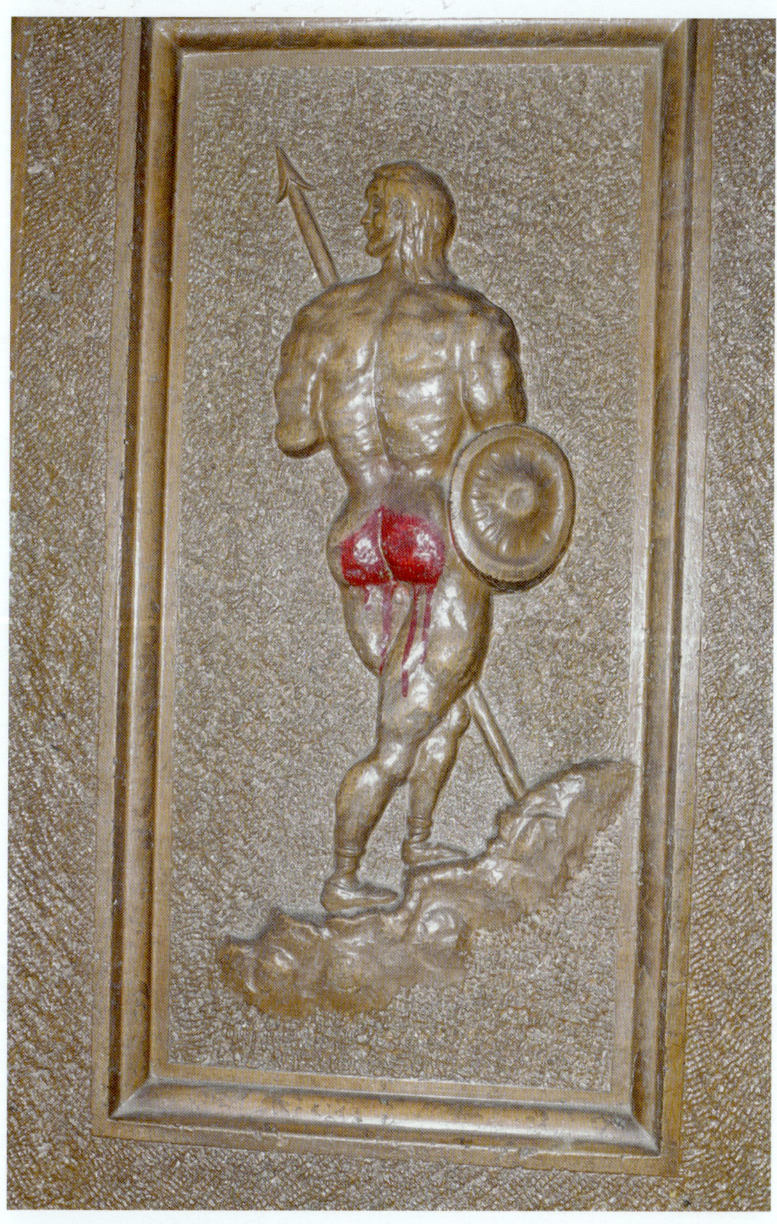

52. El porqué de las naranjas. Valencia, 2011

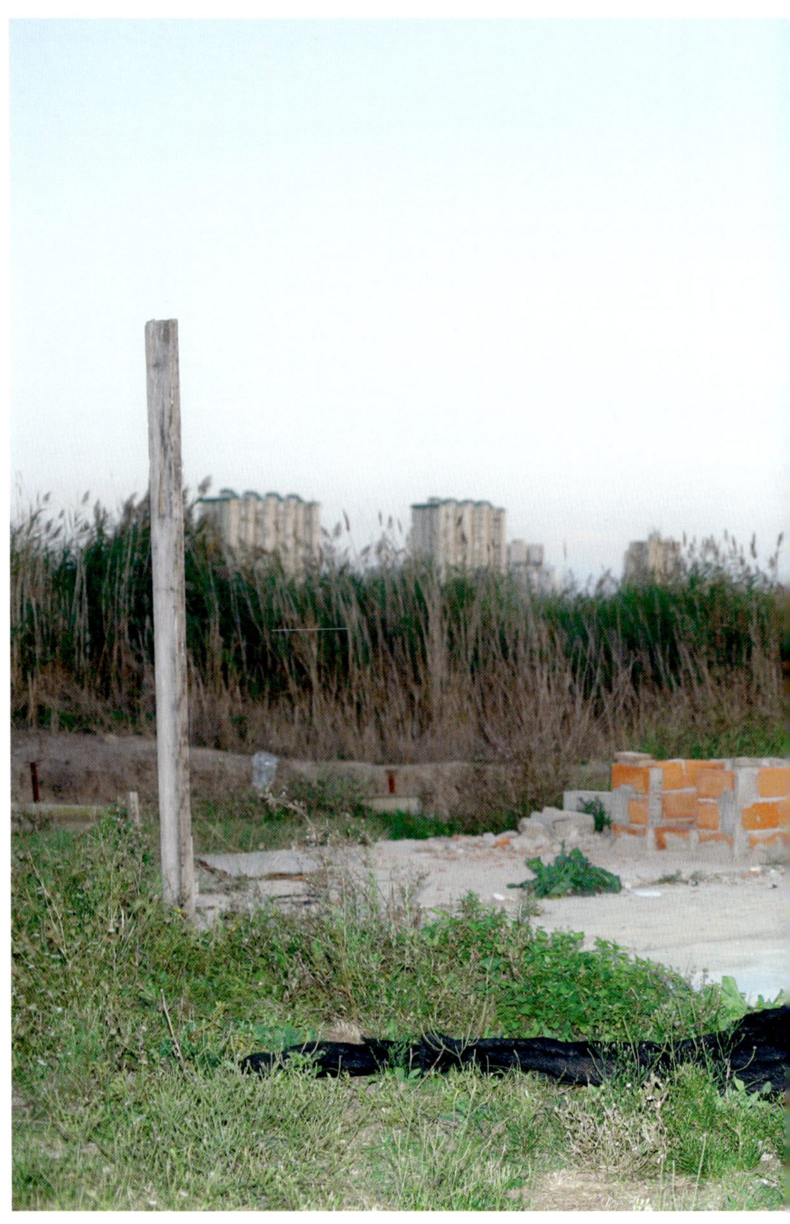

53. El porqué de las naranjas. El Puig, Valencia, 2011

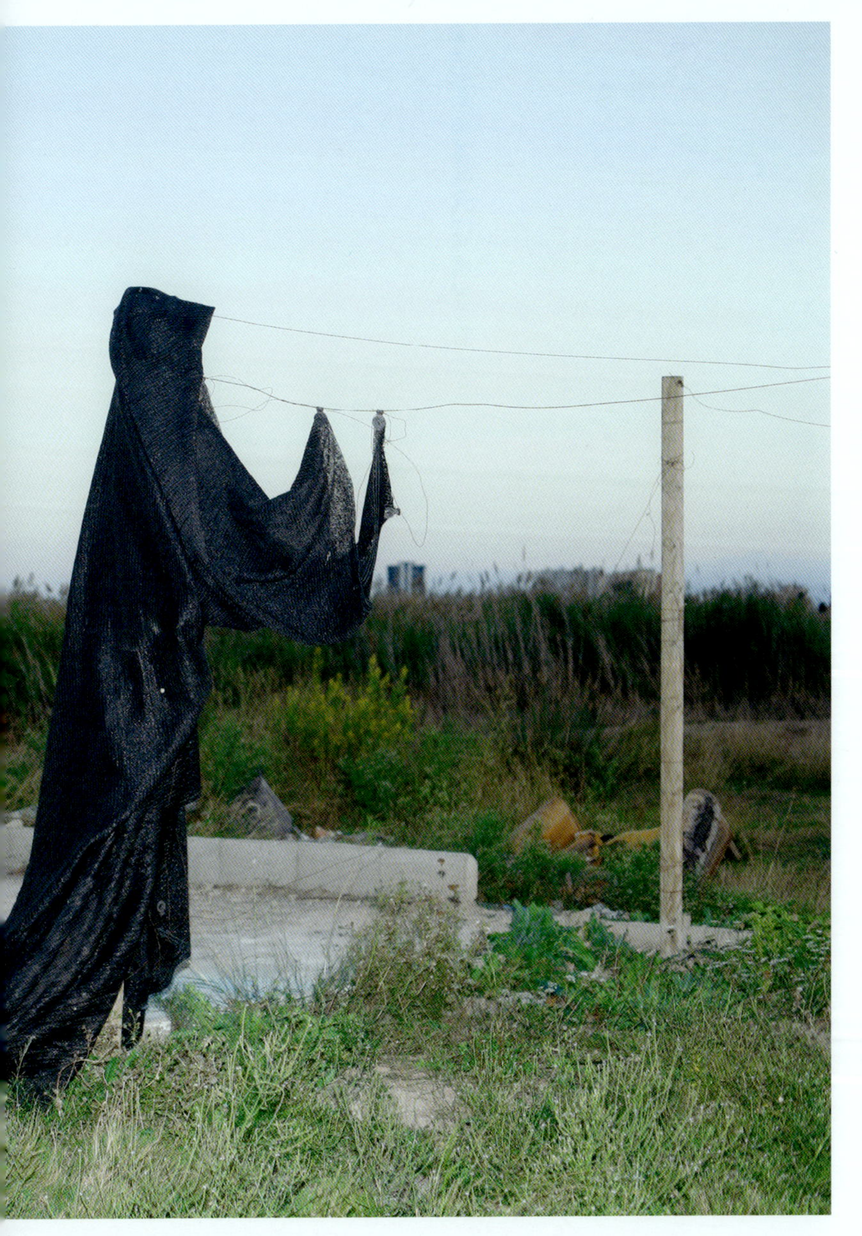

Cronología

1971 Nace en Orihuela (Alicante).

1991 Se marcha a estudiar Periodismo a Bilbao, en la
Universidad del País Vasco. Comienza su interés por la
fotografía.

1993 Expone en el bar La Gramola, en Orihuela.

1997 Se muda a Berlín, donde publica sus primeras
fotografías en el periódico *Scheinschlag*.

1998 Se traslada a Madrid para realizar un curso de
fotografía en la Universidad Complutense. Recibe
clases de Pablo María García Llamas, Jaime López y
Diego López Calvin.
Durante dos años trabaja de *paparazzo* para una
agencia.

2000 Comienza a colaborar con el diario *El Mundo* y, más
adelante, para sus suplementos *Magazine* y *Yo Dona*.

2005 Entra a formar parte del colectivo BlankPaper, un grupo
de fotógrafos asentados en Madrid. Otros miembros
son Julian Barón, Alejandro Marote, Oscar Monzón,
Mario Rey, Fosi Vegue y Antonio M. Xoubanova.
El grupo creará la Escuela BlankPaper en Madrid,
Valencia y Castellón, para que los nuevos fotógrafos
adquieran experiencia.

2007 Recibe el Premio Foto-Reportaje en la feria de arte
ARCO.
Resulta finalista de la beca Ángel de Fotografía.

2008 Obtiene el premio Nuevo Talento FNAC de Fotografía,
con el trabajo *La caza del lobo congelado*.
Junto a la diseñadora Natalia Troitiño, funda el sello
Fiesta Ediciones, con la intención de autoeditar
sus libros y estimular la creación editorial de otros
fotógrafos. Con esta idea nace FiestaFiesta, una
colección de fanzines que recoge los trabajos de
nuevos fotógrafos.

2009 Recibe la Beca OFE de la Universidad de Extremadura,
con la que produce su primer libro, titulado *Belleza de
barrio*, diseñado por Nerea García Pascual.

2010 El trabajo *Paloma al aire* es apoyado por las ayudas a la
producción de la Comunidad de Madrid.

2011 Se traslada a vivir a Valencia para acabar el libro
Paloma al aire.
Comienza el trabajo *El porqué de las naranjas*.

Exposiciones individuales

2008 *La caza del lobo congelado*. GetxoPhoto.
Belleza de barrio. Galería Ángeles Baños, Badajoz.

La caza del lobo congelado. Espai Catalá-Roca, Barcelona, e itinerante por las tiendas de FNAC.

2009 *Belleza de barrio*. Galería El Fotómata, Sevilla, La Fresh Gallery, Madrid, y Fundación Miguel Hernández, Orihuela, Alicante.

La caza del lobo congelado. Sala Kursala, Universidad de Cádiz.

La ciudad que soy. Sala CIFP de Langreo.

2010 *Serrano Boogie*. Festival Emergent, Lérida, y Galería Mediadvanced, Gijón.

La caza del lobo congelado. Librería Anti, Bilbao.

2011 *Paloma al aire*. Dr Nopo, Valencia, BlankPaper, Madrid, La Fresh Gallery, Madrid, y Galería Ángeles Baños, Badajoz.

Belleza de barrio. Sala Cai Luzán, Zaragoza Photo, Zaragoza.

Paloma al aire / Serrano Boogie. Abphoto, Albacete.

Serrano Boogie. Zphoto, Zaragoza.

Exposiciones colectivas

2007 *At Home*. Ibiza Home Video Festival.

New Spanish Photography. Fotofestival de Lodz, Polonia.

Photosensitive Space. Lodz, Polonia.

2008 La Fresh Gallery, Madrid.

¡Retrátate! ¡Mírate! PHotoEspaña. Fundación Canal, Madrid.

LookdeBook. Galería Pilar Riberaigua, Andorra.

Laberinto de miradas. Centro Cultural de España, Lima.

All Inclusive. New Spanish Photography. Pingyao, China, y Liptovský Mikuláš, Eslovaquia.

2009 *Aquí. Cuatro fotógrafos desde Madrid*. Instituto Cervantes, Milán, y Fundación Canal Isabel II, Madrid.

2010 *Self Publish, Be Happy*. Photographer's Gallery, Londres.

Oscuro y salvaje. La Casa Encendida, Madrid.

2011 *The Book Award*, Les Reencontres d'Arles.

Obra en colecciones

Fundación Canal Isabel II
Universidad de Extremadura
Comunidad de Madrid

Publicaciones

Supernormal. Fiesta Ediciones, Madrid, 2008
Belleza de barrio. Universidad de Extremadura, 2008
El blanco. Is Identity Signs, Madrid, 2009
La caza del lobo congelado. Fiesta Ediciones y Cuadernos de
       la Kursala, Universidad de Cádiz, 2009
Paloma al aire. Photovision, Madrid, 2011

Luis López Navarro

Nacido en Oviedo en 1971, se licenció en Ciencias de la Información y
Bellas Artes por la Universidad del País Vasco. Estudió Cine Experimental
en la Escuela Superior de Arte de Berlín y Producción de Cine en la Escuela
Internacional de Cine y Televisión de San Antonio de los Baños, Cuba, y
se especializó en narrativa audiovisual para medios interactivos. Trabajó
en Alemania, España y otros países como montador, ayudante de dirección
y guionista, y se instaló en Madrid en 2001. Actualmente es realizador publi-
citario *freelance* y tiene en desarrollo varios proyectos de ficción.

Born in Oviedo in 1971, with a degree in Information Sciences and Fine Arts
at the University of the Basque Country. He studied Experimental Cinema at
the Berlin Higher School of Art, and Cinema Production at the International
School of Cinema and Television of San Antonio de los Baños, Cuba,
specialising in audiovisual narrative for interactive media. He has worked
in Germany, Spain and other countries as an editor, assistant director and
scriptwriter, and settled in Madrid in 2001. He is currently a freelance
advertising director and is developing several projects for fictional works.

The eternal courting of life

Luis López Navarro

Fiesta

Moment one: at the origin is, as almost always, an explosion of energy. This is the early nineties and Ricardo Cases (Orihuela, 1971), a restless, hyperkinetic, athletics-loving kid, gives up the idea of studying Physical Education and decides to enrol in Journalism in Bilbao, basically because it is far from his parents' house. With this somewhat chance decision the orientation of his energy torrent changes, which instead of being uselessly burnt up in sports will be free and out of control for a moment. While continuing with some less than stimulating studies, the energy torrent breaks up happily and anarchically. The years in Bilbao are those of excitement and adrenalin, a period in which everything is still to be experimented and the world is asking to be plundered.

Moment two: but at the right moment Pentax appears and it turns out to be the natural form of articulating these experiences and channelling the athlete's energy. From then on life is lived through taking photographs. Through the camera the world becomes an amusement park. Life is a party (later on this will be the name chosen for the editorial). Everything is fun. It is necessary to play. To play to compete, to win. To play to have fun. Childhood, besides being a homeland, is a vital ideology, and Ricardo fights within it like in an underground revolutionary movement, dead with laughter.

Hunting

Moment three: at the end of the nineties, after a period in Berlin, where he publishes his first photographs in the press, he settles in Madrid, the city to which he soon declares that he has become fused. His initial works as a paparazzo and after several years in photojournalism, first for *El Mundo* and then on its different supplements, turn this enthusiast into a professional, training his instinct and prompt response in almost any situation, ranging from presidential portraits to traumatic events like those of the 11th of March in Madrid. Despite lacking cold blood, his tenacity as a middle distance runner makes him perfect for the job. He is a child of the digital generation, learning to take photos as one learns to speak a language: through immersion. Permanently taking photos, like breathing, and the thinking afterwards. Intuition pulls the trigger, and it will be then, on the cutting table, that he understands why he did so.

His work in the press, where each picture has an information aim that has to be captured, ends up forging out a photographic personality of someone who is already a bulldog, a hunter always ready to get in closer. Thanks to this training, Ricardo has never been an aesthete. Each time he takes a photo it is clear what the aim of his interest is, and he has never been seen to take an empty photo, a merely formal, atmospheric or metaphysical composition. He always portrays something, and each photo is always a capture. Thus, whether it is an idea or a spirit that crosses through the picture, the bulldog hurls himself at it.

Daily contact with the wealth of reality through photojournalism does nothing other than increase its vital exaltation. And with the fluency granted by this profession he starts to freely show another of his most characteristic traces: humour. Not being able to avoid this, there is an ironic and provocative point of view in his portraits and commissioned reportages, a surrealist, detonating and subversive language that will soon give way to his first personal projects when he becomes a member of the BlankPaper collective.

Aesthetics

Being centred on hunting, he has no interest in being aesthetically pleasing. His photos do not attempt to be paintings, but only this: photos. The light is aggressive; the composition is visceral. What matters is what is in the photograph, in a process that is much more conceptual than plastic. He above all seeks impact, an alienation that highlights the key moment, the portrayed object and its contradictions, the discourse that generates. In his most recent works this lack of interest for conventional aesthetics will end up becoming a powerful aesthetic of his own: an impacting and brutal aesthetic that is born out of the stomach and the content. The picture becomes something two dimensional, more conceptual, which frees itself from all the slavery of photography: composition, light, depth, colour. In being close to a wild poetry, photography ends up becoming a juxtaposition of barbarities.

Humans

In one way or another, the human being is always at the centre of each picture by Ricardo. As he develops his personal work, he reveals that what on the surface appears to be a cynical, Pop art, mischievous gaze in reality hides a much greater empathy and tenderness. Each time he presses the shutter release it is because he has understood what happens to that person and their more or less noble motives for doing what they do. The same thing is always in the depths of all his works: the profound longings of the human being and the wounded dignity of the contemporary citizen, counterpoised to a less than glorious reality.

The result always turns out to be shocking, surrealist and smile-provoking, because the narrative strategy is extremely efficient. The antagonist may be varied: in *Belleza de barrio*, the limitations of a quite unsophisticated aesthetic; in *Serrano Boogie*, the works of the Calle Serrano street; in *Paloma al aire*, the difficult nature of the terrain and the strangeness of the activity. But in all of these works the hero is always the same, a human being struggling for his dignity. It's enough to abandon him to his fate in a banal, kitsch or directly humiliating environment and the narrative is already set up.

Ricardo fully understands his beloved humans, but just as he does not judge them, he also does not forgive nor condescend to them. In each photo it is implicit that each person is responsible.

Spain

For any Spanish artist it is difficult for Spain itself not to become a subject. For Ricardo, a lover of incredible traditions and of ladies with plastic bags on their heads, Spain is the terrain for the perfect game, because he is in the family, he knows the rules and the tricks and he knows like few others what it is to be Spanish, for better or for worse. To the tribal cry of "Spañña!", Ricardo has spent years coming out onto the streets over and over again setting off the irresoluble contradiction of Spain with modernity.

The Spain that Ricardo loves and loathes is, like that of Berlanga or that of Buñuel, a rustic country of noise and violence, with all the marks of clumsily dissimulated lack of instruction, bitterness, meanness and selfishness. A country of rural people who have been forced to live in cities, in a modernity they neither understand nor are interested in, and which deeply disturbs them.

A country divided into two, with a vibrant social conflict, where the dominant layer fights tooth and nail to maintain its status while the people from the small towns and neighbourhoods, who are essentially good over short distances but not less fierce because of this, struggles to make its dignity known. And as a battlefield, a traditional and delirious, individualistic and chaotic environment, a law of the jungle with an institutional and civic emptiness, where everyone is at war with everyone else.

Life

Moment four: when I meet Ricardo in Madrid, in the early years of the XXI century, he has just lost his father, his partnership relationship and his job. Up until then his relationship with life had been one of pure infatuation. When life shows it more cruel face there are two options: that of the cowards, to be disappointed and accept it; and that of the brave, to double the stake.

Perhaps it is at this time that he begins to find out who he is today. Since then life and death have been periodically striking, and the hunting dog never let go of its prey: at each death he has responded with an exaltation of life, at each loss with a gift, at each mourning period a party. He has become close to death with a very Spanish Taurine spirit, making artistic, frantic leaps around it like a *recortador*, an old fashioned bull-tackler, grabbing it by the horns in the Portuguese style in order to celebrate the fact that death exists, and therefore it is worthwhile to live.

At these times in life, when we now know who we are and where we are going, it can be seen that his story is in fact that of a perseverant and faithful courting of proud and brutal life, trying to seduce it, to gain its attention, showing it his unconditional love over and over again until it gives in to loving him as well. It is a risky game, because sometimes life does not love us, but if one is a gambler it is the only possible way.

One day his infinite personal files may be shown, the everyday life recorded by the compulsive and enthusiastic photographer. In them one can much better understand the meaning that photography has for Ricardo: to celebrate life, to leap in fury on death. All those who are not here any longer and everything that no longer exists will always be invited to this party. Although in the ultimate instance death always defeats us, the moral victory is his. For the photographer without a memory all of these bytes will remain as witnesses. It will be known that we have lived. It will be known that we were happy.

He is, nevertheless, ready for this type of reflections. His most recent works, which are increasingly refined and radical, show how that relationship with life will still evolve towards deeper and more complex places. Fortunately, most of the work remains to be done.

PHoto**Bolsillo**

Director de la colección / Series Editor
Chema Conesa

Diseño original / Original Design
Fernando Gutiérrez

Coordinación / Coordination
Doménico Chiappe

Traducción / Translation
David Alan Prescott

Fotomecánica / Photomecanics
Cromotex

Impresión / Printer
Brizzolis

© de las imágenes / Image
Ricardo Cases

© del texto / Text
Luis López Navarro

© de la presente edición / Present Edition
La Fábrica, 2012

ISBN
978-84-15303-64-0

Depósito legal
M-6649-2012

LA FABRICA EDITORIAL

Editor / Publisher
Alberto Anaut

Directora editorial / Editorial Director
Camino Brasa

Director de Desarrollo / Development Director
Fernando Paz

Producción / Production
Paloma Castellanos

Organización / Organiser
Rosa Ureta

La Fábrica Editorial
Verónica, 13
28014 Madrid
Tel.: 34 91 360 1320
Fax: 34 91 360 1322
e-mail: edicion@lafabrica.com
www.lafabricaeditorial.com

Una coedición entre / A Coedition Between

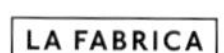
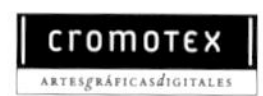
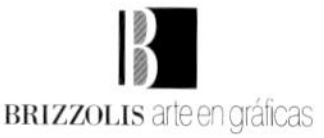

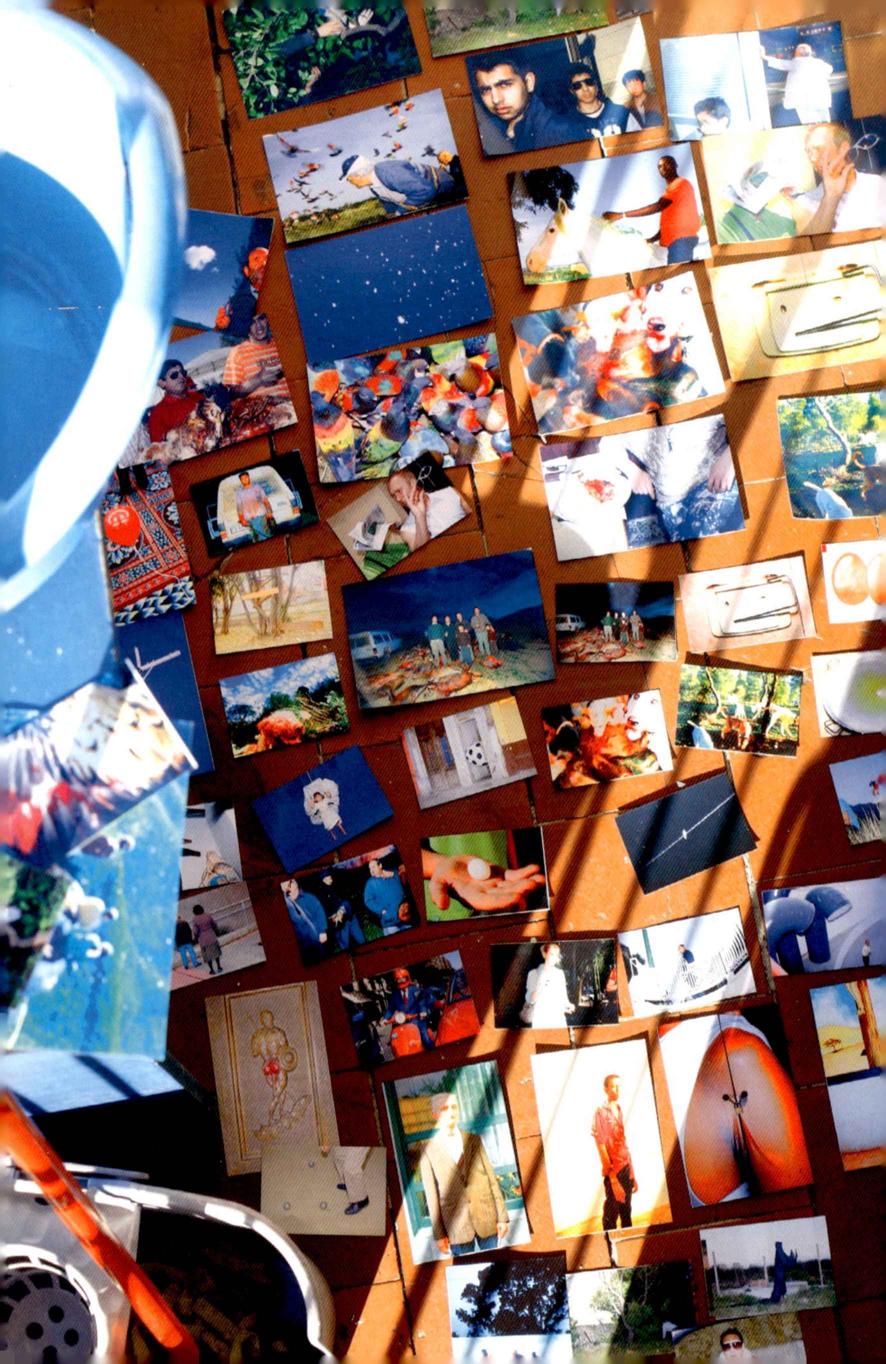